社交高手养成记

高红新 著

河北出版传媒集团
河北人民出版社
石家庄

图书在版编目（CIP）数据

社交高手养成记 / 高红新著. -- 石家庄：河北人民出版社，2025.4（2025.8重印）. -- ISBN 978-7-202-17418-0

Ⅰ. C912.11-49

中国国家版本馆CIP数据核字第2025J528C0号

书　　名	社交高手养成记
	SHEJIAO GAOSHOU YANGCHENGJI
著　　者	高红新
选题策划	李成轩　董亚麟
责任编辑	王　琳
美术编辑	王　婧
封面设计	优盛文化
插图设计	优盛文化
责任校对	汪　媛
出版发行	河北出版传媒集团　河北人民出版社
	（石家庄市友谊北大街330号）
印　　刷	明玺印务（廊坊）有限公司
开　　本	787毫米×1092毫米　1/16
印　　张	11
字　　数	113 000
版　　次	2025年4月第1版　2025年8月第2次印刷
书　　号	ISBN 978-7-202-17418-0
定　　价	58.00元

版权所有　　翻印必究

如有印装质量问题，请拨打电话0311-88641240 联系调换。

前言
Preface

在孩子的成长过程中，社交能力的培养至关重要。尤其是青春期的孩子，他们正处于心理发展的关键时期，开始对外界产生浓厚的兴趣，渴望与人交流、结交朋友。但对于他们来说，交友问题也非常具有挑战性，因为他们的心理还处于成长阶段，遇到问题不会处理，在与同学、朋友相处时，难免会产生一些矛盾和冲突。也许是因为意见不合，也许是因为误会，甚至可能仅仅是情绪上的波动，就会让关系变得紧张。紧张的关系会直接影响孩子的生活和学习，甚至给他们的心理健康和成长带来较大的负面影响。

因此，让孩子了解一些社交技能非常重要，这不仅有助于他们建立良好的人际关系，还能提升他们的自信心和社会适应能力。

在社交的道路上，没有人能够一帆风顺，即便是成年人，也会遇到许多意想不到的困难和矛盾，对于成长过程中的青少年来说更是如此。他们可能因为对自己认识不清而找不到社交定位，不知道如何社交；可能个性内向害羞，不敢向别人迈出第一步；可能天性热情善良，却不会表达自己；可能看不清友情和爱情的界限，陷入不知如何与异性相处的苦恼；还可能沉迷于网络世界，为虚实难辨的互动所左右。不论遇到哪种困难，困惑和误解总是在无形中滋长，甚至让人一度怀疑自我。

其实，社交是有规则、有"诀窍"的。理清思路、认清现实，找到突破口，运用一些技巧，那些看上去复杂多变的社交问题就会迎刃而解。

本书从认识自己、社交规则、有效表达、处理冲突、常见困惑五大板块着手，针对青少年常见的社交困惑，进行科学的分析解读，提供实用的社交技巧，带领青少年突破个人局限，化解困惑，在社交中更加从容自信。

准备好了吗？让我们一起揭开社交的"神秘面纱"，开启成为社交高手的新篇章。

目录 Contents

第一章 想找到对的人，先搞清自己是谁 001

你了解自己吗 002
你是哪类社交达人 008
怎样成为受欢迎的人 015
不要被"假朋友"迷惑 022

第二章 社交有"诀窍"，用对了事半功倍 029

心理"魔法"：有趣的心理效应 030
社交有规矩，玩转就能不尴尬 038
如何成为"自带光环"的人 044
人见人爱的"秘诀" 051

第三章 会表达的人，大家都爱 057

表达自己之前，先学会倾听 058
如何让别人爱听你说话 064
识破身体语言密码 071
掌控情绪，不做"情绪人" 078

第四章 遇到冲突别慌，冷静处理才是高手 085

面对冲突不要慌，化解有招数 086
面对"小霸王"要有勇有谋 092
被孤立怎么办 099
懂得拒绝，学会说"不" 106
面对流言蜚语，淡定是王道 113

第五章 破解社交困惑，迈向成功 121

友情与爱情，界限在哪里 122
内向？害羞？其实你只是不自信 128
虚拟世界也有社交 134
误会连连？都是因为没说明白 142
嫉妒心少一点，快乐多一点 149
朋友间的"安全距离" 155
学会宽容，友情更加坚固 161

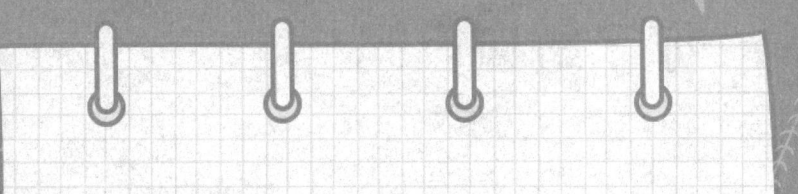

第一章

想找到对的人，
先搞清自己是谁

社交高手养成记

你了解自己吗

一分钟故事

小明和小亮是同班同学。一天，学校组织了一场编程比赛，小亮对编程很感兴趣，平时就经常自学相关知识，所以在比赛中表现出色，获得了老师的表扬。小明为了也能得到老师的表扬，决定参加下一次的数学竞赛，尽管他数学成绩一般，也不太喜欢数学。在准备竞赛的过程中，小明非常吃力，最终也没有取得好成绩。

小明感到很困惑："为什么小亮能在编程比赛中获奖，而我参加数学竞赛却不行呢？"

专家有话说

了解自己是交友的第一步

很多人对自己的认识并不准确,就像小明盲目参加不擅长的数学竞赛,结果未能取得理想成绩。"我自己是什么样,我还不了解?"许多人虽然常常这样说,但实际上对自己的了解很有限。

了解自己的特点,根据自己的特点选择适合的生活方式和交友方式,才能真正找到属于自己的幸福。在当今这个信息爆炸、选择多样的时代,我们更容易受到外界各种因素的影响,从而忽视了自己内心的真实感受。我们可能会因为追求所谓的潮流和成功标准,而忘记了自己的初心和真正的兴趣所在。

认识自己一直以来都不是一件容易的事情。人最熟悉的是自己,但最陌生的往往也是自己;最亲近的是自己,最疏远的可能也是自己。根据一些调查研究,相当多的人其实对自己缺乏深入的了解。我们可能因为外界的诱惑和干扰太多,无法静下心来倾听内心的声音;也可能因为缺乏自我洞察的能力,不明白自己的深层需求和意愿,不知道自己真正想要的是什么。

比如,现在很多同学,盲目跟风追求热门的专业和职业,却没有考虑自己的兴趣和能力是否与之匹配,结果往往在学习和工作中感到痛苦和迷茫。又如，在社交媒体上，人们常常展示自己美好的一面，营造出一种虚假的形象，久而久之，自己也可能被这种假象所迷惑，忘记了自己的真实模样。

认识自己，在心理学上称为自我知觉，是指人们对自己的需要、动机、态度、情感等心理状态以及人格特点的感知和判断。它可以是我们对自己的一套清晰的认知观念，也可以只是一些模糊的直觉感受，但无论是哪种形式，都会对我们的行为和决策产生深远的影响。准确的自我知觉，有助于我们更好地适应社会，实现心理和行为的健康发展。

在当下的生活中，无论是人际关系还是个人成长，都离不开对自我的准确认识。如果不明白自己的性格和需求，就很难与人建立起真诚、健康的关系。

所以，我们应该学会认识自己，倾听内心的声音，找到真正适合自己的道路。

我是社交高手

既然正确认识自我至关重要，那么如何才能认识自我呢？我们可以从以下几个方面着手。

1. 学会倾听内心的声音。

在这个纷繁复杂的世界中，我们常常被外界的喧嚣和干扰所迷惑，从而忽略了内心深处的渴望和需求。因此，我们需要给自己创造一个安静的空间，与自己的内心进行深入的对话。我们可以问自己一些问题，比如，我真正热爱的是什么？我希望成为一个怎样的人？通过这样的反思，我们能够更好地了解自己的内心世界，找到真正属于自己的方向。

2. 客观地评价自己。

每个人都有自己的优点和长处，同时存在着缺点和不足。我们应该以一种客观的态度看待自己，既要看到自己的闪光点，也要正视自己的不足之处。我们可以尝试列出自己的优点和长处，这有助于增强自信心；同时，也要认真反思自己的缺点和不足，并制订相应的改进计划。

3. 保持学习和成长的心态。

俗话说："不入虎穴，焉得虎子。"要学会走出舒适区，尝试不同的活动和领域，这能够帮助我们发现自己更多的潜力和兴趣。有时候，我们可能会因为不熟悉或者害怕失败而不敢尝试新事物，但只有勇敢地迈出第一步，我们才有可能发现一个全新的自己。

社交高手养成记

> 此外，我们要善于从他人的反馈中认识自己。大家都知道"当局者迷，旁观者清"的道理。他人的看法和建议可以为我们提供不同的视角，帮助我们更全面地认识自己。我们可以主动与家人、朋友交流，听取他们的意见和建议，但也要保持独立思考，不盲目听从他人。对于他人的反馈，我们要以开放的心态接受，从中汲取有益的信息，不断完善自己。
>
> 人生是一个不断发展和变化的过程，我们要不断学习新知识、新技能，提升自己的能力和素质。同时，我们也要学会接受自己的不完美，不断调整和完善自己，努力成为更好的自己。在这个过程中，我们要保持耐心和毅力，相信自己能够不断进步。
>
> 认识自己是一个长期而艰难的过程，需要不断探索和努力。正如尼采所说："聪明的人，只要能认识自己，便什么也不会失去。"只有真正了解自己，我们才能更好地把握人生的方向，实现自己的价值。

超实用 TIPS

要正确认识自己，先要接纳自己。如何接纳自己呢？下面这些小贴士可以帮助我们养成接纳自我的习惯。

1. 不要给自己贴上消极的标签，如"我笨""我无能"，多看自己的优点，学会肯定自己。

2. 不要将自己的短处与他人的长处作比较。记住你是独特的，并且学会欣赏这种独特，不过度地批判自己。

3. 要明白人人都有他人所不知道的问题和弱点，即使最自信的人，也有感到不自信的方面。

4. 与处世积极、喜欢与你同行并享受人生的朋友交往。

5. 允许自己犯错，不苛求自己，不内耗自己。

你是哪类社交达人

一分钟故事

　　王艺是一名初二的学生，她和许多同学一样渴望交到志同道合的朋友。然而，她性格内向忧郁，常常觉得自己运气不佳，难以结交到好朋友。她的同桌刘芳则性格外向，善于社交，总能轻松地交到很多朋友。刘芳在班上如鱼得水，与同学有说有笑，经常分享各种趣事。王艺心中充满疑惑，难道只有性格外向的人才能在社交中如鱼得水吗？

　　有一次，王艺忍不住向刘芳请教："我怎样才能像你一样交到那么多的朋友呢？"刘芳微笑着对王艺说："其实，我们每个人都有自己独特的性格，与人交往的方式也各不相同，关键是要找到适合自己的交友之道。你看，虽然你的朋友数量不多，但每一个都是很知心的好朋友呀。"

王艺仔细想想，觉得刘芳的话有道理，也意识到自己不应该为此感到忧郁。可是，她该如何确定自己属于哪种人际交往类型呢？这种类型的优缺点又是什么？怎样才能找到适合自己的人际交往方式呢？

专家有话说

人际交往都有哪些类型

在人际交往中，每个人都拥有属于自己的独特模式，此模式即人际关系反应类型。通俗来讲，人际关系反应类型就是人际关系行为方式与个人个性相结合，从而形成的特有的人际关系倾向。这种反应类型通常是我们在大多数时候所展现的交往方式，但并非绝对固定不变的。有些人可能具备多种表现，而有些人则在某一种表现方式上较为突出。

美国心理学家P.Lewicki按互动方式的不同，把人际关系分为八种类型：主从型、合作型、竞争型、主从—竞争型、主从—合作型、竞争—合作型、主从—合作—竞争型和无规则型。

结合中学生的实际情况，主要有以下几种交往类型。

1. 主动—被动型。

这是人际关系中最基本的一种。主动型的同学在与人交往时总是积极主动，他们不会等待别人来接纳自己，而是主动结交，能够成为交往的发起者。在现实生活中，主动型的人在人际交往方面较为自信，即便遇到一些误解和挫折，也能坦然面对。因此，他们适应能力强，容易与人相处，为人坦率，不斤斤计较，能顺利处理人与人之间复杂的情感。这类同学掌握了主动性这一重要的交友技巧，通常能交到很多朋友。

与主动型相对的是被动型。这种类型的同学在交往中多采取消极被动的退缩方式，等待别人来接纳和接近自己。被动型的人一方面因退缩而害怕别人不能如自己期望的那样理解自己，从而使自己陷入窘迫局面，伤害自尊；另一方面他们又极度渴望友谊，时常感到孤独。所以，被动型的人应适当注意在人际交往中增强自己的主动性。

2. 领袖—依从型。

领袖型的同学较为要强、独立、积极，自视甚高，非常自信，果断且有力量，攻击性较强，有时会表现出反传统倾向，不愿循规蹈矩，在集体活动中有时不遵守纪律，社会接触面广泛，有强烈的支配和命令他人的欲望，凡事都由自己决定。与这种类型的人相处久了，容易让人感到压迫。如果你属于这种类型，应适当考虑他人的感受，多征求对方的意见，使自己不那么独断专行，增加亲切感。

依从型的同学则比较谦卑、温顺，个性随和，习惯于服从。这类同学更能自我抑制，喜欢稳定、有秩序的环境。他们独立性较差，不喜欢支配和控制别人。在班集体中，这种类型的同学喜欢与有主见的同学交朋友，常常是服从或忍让的一方。大多数时候，他们能很好地融入环境，交到朋友，但有时也难免会悲观失落，因为他们很容易被大家遗忘或忽视。所以，这类同学应适当增强自己的独立性，在交往中多表达自己的意见和感受，让更多的人了解和重视自己。

3. 严谨—随便型。

在生活中我们不难发现，有些同学做人做事非常严谨，他们责任心强，为人忠诚，坚韧有毅力，细心周到，有始有终。而且道德感很强，稳重、执着、孝敬、尊重父母，与异性交往也较为严肃认真，是同学、老师眼中的"标兵"。这类同学乐于结交努力苦干的朋友，也容易获得同学的认同。这便是严谨型的人。

而随便型的同学则不讲原则，不守规矩，缺乏社会责任感，做事敷衍，缺乏遵守规则的精神。相处之初，这种同学的随意性可能会给人一种亲切感，但相处时间长了，其他人就会因为他们太不讲原则、缺乏责任心而疏远他们。如果你发现自己在与人交往时表现得过于随便、缺乏原则，那就要注意了，这样不仅交不到好朋友，还可能会因此犯错、犯法而走上错误道路。

4. 开放—封闭型。

开放型的同学比较随和，给人以可靠、信赖的感觉，容易与人相处。他们安全感强，对人无猜忌，但也易轻信。这种类型的同学，善于和不同类型的人交朋友，不会为一点小事而破坏友谊，对他人持开放接纳的态度。开放型的同学往往能交到很多朋友，但是择友的标准则比较低，他们应该认识自己、认识友谊，注意选择适合自己的朋友。

封闭型的同学对他人有较高的戒备心理，常会与他人保持距离，缺乏合作精神，容易固执己见。其形成原因包括性格内向孤僻、独立意识过强、过于看重个性以及否定友谊等。若长期处于这种状态，容易出现心理问题。因此，这类同学应尝试敞开心扉，接纳他人，走出自我封闭的圈子。

我是社交高手

要想更好地交到朋友，我们要做到以下几点。

首先，要了解自己的交注类型，明确自己在交注主动性、支配性、规范性和开放性等方面的情况，知晓自己的优势与不足，进而在交注中发挥优势、弥补不足。

其次，是培养健康的交注心态，这一步非常重要。避免自卑或自负，客观悦纳自己和他人，正视现实，善于发现美好。

最后，充分发挥主观能动性。若为被动型，应主动与他人交注，如主动打招呼、参与活动、表达想法等。领袖型同学要多考虑他人感受，依从型同学要增强独立性并多表达自己。

此外，一定要树立正确的交友观念，选择正直、善良、有责任感的人为友，远离不良之人，还要提高人际交往能力，通过学习提升认知和道德修养，积极参与社交活动以扩大社交圈子。在交往中，保持真诚善良，关心他人、乐于助人；注意言行举止，文明礼貌、得体大方；学会倾听和理解，尊重他人想法，避免冲突；保持乐观积极的心态，面对挫折不轻易放弃。

超实用 TIPS

当我们明晰了自己所属的社交类型，便能有针对性地运用一些技巧，收获真挚的友谊与美好的人际关系。

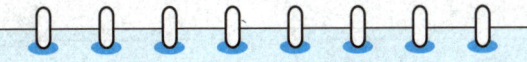

1. 主动型同学应注意在交往中尊重他人的意见和选择，避免过于强势，尝试更加深入地了解朋友的需求和感受，提供更贴心的支持和帮助。

2.被动型同学应努力克服内心的恐惧和退缩，主动迈出与他人交往的第一步，如主动打招呼、参与讨论等。

3.领袖型同学要学会倾听他人的意见和建议，尊重团队成员的想法，避免独断专行，在表达自己的观点时注意方式和语气，避免给人压迫感。

4.依从型同学可以逐渐锻炼自己的独立性，培养自己的主见，在适当的时候表达自己的观点，同时主动参与一些决策和活动，锻炼自己的领导能力。

5.严谨型同学可以继续保持严谨的做事态度和高尚的道德品质，为他人树立榜样。

6.随便型同学要树立正确的原则和底线，增强责任感，认真对待每一件事情。

7.开放型同学在结交朋友时，需要更加注重朋友的品质和价值观，提高择友标准。

8.封闭型同学要尝试放下戒备心，主动与他人交流，分享自己的想法和感受。

怎样成为受欢迎的人

一分钟故事

小杰成绩优异，不仅是班长，还在校学生会担任宣传部长，平时表现积极，深受老师的喜爱。在这个学期的班干部选举中，小杰原本信心满满地认为自己会再次当选班长，然而，投票结果却让他大失所望，平日里的好朋友都没有投给他，而是选择了另一个同学——小刚，而小刚的成绩并没有小杰那么优秀。小杰感到十分困惑和郁闷，不明白为什么自己会落选。

在一次课间，小杰鼓起勇气向平日里的几个好朋友询问原因。"他虽然成绩不如你，但他很关心大家，总是默默地为大家服务。就像上次小美在学习群里请教数学题，你觉得太简单，就说让她自己去想，而小刚却耐心地给她讲解了。"朋友小亮说道,"还有,每次班级组织活动,你总是以一种领导者的姿态给我们布置任务,说话的口气让大家感觉很不舒服。你在学生会做宣传工作确实很出色,但也没必要总是在我们面前炫耀吧。"

此刻,小杰才恍然大悟,原来自己在不经意间犯了这么多错误,难怪同学不太喜欢自己。

专家有话说

如何让自己更受欢迎

看完上面的故事,我们发现小杰并不像自己想象的那样受同学欢迎。那么,你知道自己在与同学交往中受不受欢迎吗?如果发现自己不受欢迎,原因又是什么呢?当你发现自己不受欢迎时,你是如何反思的?不妨问问自己下面的问题。

如果你有这些表现:看人总是斜着眼睛;回答问话时总显出

不耐烦的神情；即使在求教于人时，也爱摆出一副似乎胸有成竹的架势，好像在考人家，那你就要注意了，在交往中你必然会引起别人的反感。

我是不是心胸狭窄，妒忌心太重？如果你看到能力比你强的，就会不服气；对受老师器重的人，你也看不顺眼；别人关系密切，你则悻悻然；谁讲了一句精妙的俏皮话，你也会若有所失。那无形之中你与别人之间就会构筑一道厚厚的、无形的墙，让你无缘形成良好的人际关系。

我是一个自信、乐观的人吗？当你不够自信时，别人是不会相信你并和你建立良好的伙伴关系的。要让别人相信你，进而选择和你一起做事，你就得先相信自己、爱自己。心理能量强大的人，就像一个太阳，会让周围的人感到温暖。如果你积极乐观，让周围的人感到温暖，别人就会靠近你、喜欢你。没人喜欢整日情绪低落、消极厌世的人。

我是一个真诚、守信的人吗？信任是人与人相互了解的基础，而真诚是获得信任的基本途径。信任是人与人交往的基础，信守诺言则是获得信任的基本方式。真诚、守信会让你活得很踏实，同时也会赢得很多朋友。

我会耐心地倾听别人讲话吗？你有希望别人倾听的时候吗？当你的讲述被打断时，你的感受是什么？正如你所感受到的一样，当你打断别人的讲话或者拒绝倾听的时候，别人也会像你一样生气，不愿意再接近你，又怎么会欢迎你呢？

我懂得感谢别人吗？一个懂得感恩的人才是值得交往的人。

我会赞美别人吗？当你能够真心地赞美别人时，表示你是接纳别人的，当你接纳别人后，别人能不接纳你吗？

我是社交高手

思考过后，我们就会明白，其实，要做一个受欢迎的人并不难。在人际交往中，从以下几个方面注意和提升自己言行和修养，就能有效地赢得他人的好感，避免惹人生厌。

第一，尊重他人，得理饶人。

在与人交往时，有些人作风强势，要求他人尊重自己，自己却不尊重他人。显然，这种作风或习惯，必遭别人厌恶。尊重他人既是一个人的行为准则，也是一个人在人际交往中的信誉形象，无论做任何事，如果不尊重他人，你在别人心目中的形象就会大打折扣，更不要说一副"居高临下"教训人的样子，更会令人生厌。

另外，青少年年轻气盛，遇事容易冲动，尤其在自以为正确的情况下，更易理直气壮、咄咄逼人，这种处世方式也是很不受欢迎的。因为人无完人，任何人说话都有可能有所疏漏，得理饶人、和颜悦色，更让人钦佩和喜欢。

第二，不过分较真，不出口伤人。

与人相处要友善，说话态度要和气。有时候大家的意见不能够统一，对于那些不涉及原则性的问题，没有必要太较真。如果一味好辩逞强，就会让同学朋友敬而远之。为避免出口伤人，宜三思而后"语"，不宜心直口快，宜和风细雨，不宜含沙射影。

另外，说话要分场合、有分寸，最关键的是要得体。不卑不亢的说话态度、优雅得体的肢体语言、幽默风趣的语言风格，对于赢得他人好感都非常重要。

第三，谦虚自律，不炫耀自己。

在与人交往中应保持谦虚，要知道山外有山、天外有天，强中自有强中手。倘若哪天你获得了奖励，也应保持低调不当众炫耀，别人在一边恭喜你的同时，可能一边也在嫉妒你呢！当代的年轻人，有自己的思想、主见，富有开拓创新精神，这是一种难得的优势，但如果把这种优势误作为追求名利、哗众取宠、恃才傲物的资本，就很容易走入狂妄自大、争强好胜的误区。所以，在与人交往的过程中应该时刻以谦恭的态度严格约束自己，这样并不会影响个人的威信和形象，相反还会获得好人缘。

社交高手养成记

> **第四，完善自己的个性，克服各种不良的心理。**
>
> 在人际交往中，自私、自卑、猜疑、嫉妒等不良心理会严重影响人们对你的印象。所以，要努力使自己胸襟开阔、乐观大度、幽默风趣，以赢得更多人的喜爱。

> **第五，学会倾听，学会赞美。**
>
> 倾听和赞美是影响人际吸引的重要因素。每个人都希望被关注和赞美，所以，不要吝啬你的耳朵和赞美的语言，这会让你赢得好人缘。倾听和赞美的技巧和方法我们在以后的相关章节中会有更详细的介绍。

超实用 TIPS

如何让自己更受欢迎？做到以下几点便可事半功倍。

1. 保持微笑。

微笑是最具感染力的表情，能让人感到温暖和友好。

2. 注意语言表达。

　　避免使用粗俗或伤人的语言，尽量用积极、友善的言辞。

3. 尊重他人观点。

　　即使不同意别人的观点，也不要急于反驳，要尊重他人的想法。

4. 控制情绪。

　　保持冷静，不要轻易发脾气，以免影响人际关系。

5. 及时道歉。

　　当自己犯错时，及时道歉并努力改正，不仅能赢得别人的谅解，更能获得别人的好感。

社交高手养成记

不要被"假朋友"迷惑

一分钟故事

故事一

小贝和小悠是同桌,原本关系亲密,最近却产生了矛盾。近期学校要举办短视频创作比赛,班级的参赛工作由小贝负责。经过班级讨论,参赛人员已确定,进入了紧张的筹备阶段。其中一个参赛小组的组长正好是小悠有好感的男生。一天放学后,小悠对小贝说:"小贝,我想加入那个小组,你把莉莉换下来,让我上呗!"小贝面露难色,因为她知道小悠的短视频制作能力不如莉莉,而且莉莉是大家商量后确定的人选,不能轻易更换。

"这样不太好吧。"

"怎么不好?你是负责人,你说了算。我是你朋友，这点忙都不帮？"

"莉莉很有创意，表现也出色，没有理由换她啊。"

"你随便找个理由把她换掉不就行了？"

"不行，这……"

"哎呀，你真不够朋友！这点小忙都不肯帮，还说什么好朋友。你自己好好想想吧！这忙你帮，咱们还是朋友；不帮，就绝交！"

故事二

小安学习成绩不太好，在班上比较自卑，同学也不太与他交流。于是，孤独的他喜欢上了刷短视频。在短视频的世界里，他可以暂时忘掉烦恼。但长时间沉迷其中，也让他的学习成绩进一步下滑。

有一次，他在刷短视频时结识了小乐。小乐看到小安总是一个人，就经常给他分享一些有趣的视频。小安觉得小乐这个朋友很不错。后来小乐说可以带小安一起做短视频赚钱，谁知小乐让小安拍摄一些不当的内容来吸引眼球。小乐对他说："好哥们儿就要一起干，你就听哥的，这样肯定能火，能赚钱！"

小安犹豫了。他本来朋友就少，小乐对他挺好，还说能一起赚钱。但他也知道拍摄这些内容是不对的，可能会带来不好的影响。小安到底该怎么办呢？

正确辨别真假朋友

上面故事中的小悠和小乐,都不是真正意义上的好朋友。小悠想通过与小贝的好友关系以及小贝负责人的职位,为自己谋取加入心仪的小组的便利;小乐则利用小安的孤独感和对自己的依赖,要求小安做违背自己意愿的事情。现实生活中还有很多类似的情况,看起来是真朋友,实则是假朋友。

友谊对于我们的生活很重要,所以在选择交什么样的朋友时一定要慎重。孔子说过:"与善人居,如入芝兰之室,久而不闻其香,即与之化矣;与不善人居,如入鲍鱼之肆,久而不闻其臭,亦与之化矣。"可见,朋友对我们的影响是巨大的,所以我们在交友的时候一定要擦亮眼睛,识别身边的假朋友,不要掉进交友的误区里。

误区一:好朋友就是"能为自己办事的人"。

朋友之间相互帮助、资源共享是应该的,但仅仅凭一个人是否能为自己办事来决定是否与之为友,就陷入了功利的陷阱。比如,上面故事中的小悠的行为就是很任性和自私的行为,小贝没有答应她的要求,她不但不理解,还扬言不帮忙就绝交。这样的朋友，把自己的利益放在第一位，交朋友不是因为情谊，而是为了能给自己办事。这样的友谊观明显是不对的。

误区二：错把"哥们儿义气"当友谊。

有一种朋友经常拿"我们是哥们儿"来绑架对方跟自己一致甚至做坏事。比如，上面故事中的小乐，以"好哥们儿就要一起干"为由让小安和自己一起制作内容不当的视频。这样的朋友还是远离为好。错把"哥们儿义气"当友谊，这种现象在青少年中很常见。"为朋友两肋插刀"就是这种误区的典型写照。之所以会出现这种现象，是因为青少年为了在群体中获得归属感和认同感，会倾向于和群体内的成员保持高度的相似性和一致性。但是，如果不加分析地盲目遵从"哥们儿义气"，就很可能被这样的"朋友带上违法犯罪的道路。

所以，我们要树立正确的交友观，识别什么样的朋友才是真正的好朋友，让友谊真正助力自己成长！

我是社交高手

在人际交往的广阔天地里，规避交友误区尤为重要，它是构建健康、持久人际关系的基石。为了实现这一目标，我们可以从以下几个关键方面着手。

1. 保持清醒的头脑和正确的判断力。

在结交朋友时，不能仅仅因为对方能给自己带来某种利益或能满足自己的某些需求，就将其视为朋友。我们应该注重对方的品德和性格，选择那些正直、善良、有责任感的人作为朋友。正如古人所说："君子之交淡如水，小人之交甘若醴。"我们要学会辨别真正的友谊和虚假的交情。

2. 树立正确的友谊观。

友谊是建立在相互尊重、信任和支持的基础上的，而不是基于"哥们儿义气"或盲目迎合。我们应该明白，真正的朋友会在我们犯错时直言不讳地指出，帮助我们改正错误，而不是纵容我们走上错误的道路。同时，我们也要学会尊重朋友的意见和选择，不要将自己的想法强加给别人。

3. 增强自我意识和自我保护意识。

在交友过程中，要保持独立的思考和判断能力，不要轻易被别人的言语和行为所左右。如果发现朋友的行为有不妥之处，要及时提醒和制止，避免被卷入不良的行为中。此外，要学会保护自己的隐私和利益，不要轻易向别人透露自己的秘密或让别人利用自己。

4. 提高自己的认知水平和道德修养。

我们还可以通过多读书、多学习的方式，更好地辨别是非善恶，避免踏进交友误区。同时，要积极参与各种社交活动，扩大自己的社交圈子，结交更多不同类型的朋友，这样可以让我们更好地了解人性和社会。

5. 保持警惕。

时刻保持警惕，及时发现并远离那些可能会给我们带来负面影响的人。如果发现朋友有不良的行为习惯或价值观，要果断地与其保持距离，不要因为感情而犹豫不决。同时，要学会从失败的交友经历中吸取教训，不断总结经验，避免重蹈覆辙。

超实用 TIPS

生活中我们可能会遇到很多人，以下几种朋友可以多交。

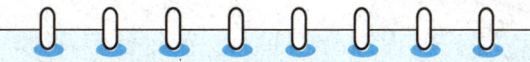

1. 推手：鼓励你的人。
2. 支柱：赞美你的人。

3. 同好：兴趣相近的人。

4. 伙伴：陪伴你的人。

5. 开心果：给你打气的人。

6. 开路者：开阔你视野的人。

7. 导师：为你引路的人。

另外几种朋友则要少交，如违背誓言的人、占小便宜的人、出卖朋友的人、以自我为中心的人、喜欢攀比的人、情绪消沉的人、喜欢干涉别人事务的人。

第二章

社交有"诀窍",
　用对了事半功倍

社交高手养成记

心理"魔法"：
有趣的心理效应

一分钟故事

佳佳是个热爱时尚的高一女生，她喜欢在网上分享自己的生活点滴，并且拥有不少粉丝。刚入学时，佳佳凭借着时尚的穿搭和开朗的性格，很快就结交了许多朋友。

本学期，学校要求每个班级在校园文化节上展示一个特色节目，老师觉得佳佳在同学中比较有影响力，便将排练节目的任务交给了她。起初，同学们都积极响应，然而，随着筹备工作的推进，问题逐渐浮现。佳佳在策划节目时，过于追求潮流和个性化，忽视了同学的意见和实际情况。她选定的节目形式过于新颖，导致许多同学难以适应，排练效果不佳。

> 此外，佳佳在一些决策上表现得独断专行，不愿意听取他人的建议，这让同学感到不满。渐渐地，原本围绕在她身边的朋友开始疏远她，大家对她的印象也发生了改变。
>
> 眼看着文化节的日期临近，节目却还没有达到理想的效果，老师忧心忡忡，开始反思当初让佳佳负责这个任务的决定是否明智。

专家有话说

揭秘五大印象管理术

从佳佳组织节目这件事中可以看出，我们对他人的印象有时会与真实情况有所差别，这是因为一些心理效应在起作用。这些心理效应很有趣，它们有的可以帮助我们给他人留一个好印象，有的则可能给我们的人际交往带来负面影响。

1. 首因效应。

第一次交往给人留下的印象，在对方的头脑中占据着主导地位，这种效应为首因效应。首因效应对人的印象的形成起着决定性的作用。在交友、招聘、求职等社交活动中，我们可以利用这种效应，给别人留下良好的印象，为日后的交流打下良好的基础。

在现实生活中，首因效应所形成的第一印象常常影响着我们对他人以后的评价和看法。因此我们应该重视与人交往时留给他人的第一印象。这直接影响着我们的后续交往行为。

2. 近因效应。

所谓近因效应，是指在交往过程中，我们对他人最近、最新的认识占了主体地位，掩盖了以往形成的对他人的评价，因此也称为"新颖效应"。多年不见的朋友，在自己的脑海中印象最深的，其实就是临别时的情景。一个朋友总是让你生气，可是谈起生气的原因，你大概只能说上两三条，这也是一种近因效应的表现。

在上文的故事中，随着大家交流的增多，对佳佳的最近印象掩盖了她在同学心中留下的第一印象，所以围绕在她身边的朋友渐渐少了很多。这是近因效应的作用。

3. 光环效应。

所谓光环效应，就是从局部印象出发扩散出整体印象，容易使人出现"以偏概全""爱屋及乌"的错误。就像佳佳，由于性格活泼开朗、人缘好，老师就以为她组织、沟通能力也都很强，她会打扮、长得又漂亮，老师就以为她在文艺方面也会有特长，而真实的情况并不是这样。这就是受到光环效应影响，犯了"以偏概全"的错误。

4.定式效应。

所谓心理定式是指人们在认知活动中用"老眼光"——已有的知识经验来看待当前问题的一种心理反应倾向，也叫思维定式或心向。

在人际交往中，定式效应表现在人们用一种固定化了的人物形象去认知他人。与同学相处时，我们会认为诚实的人永远不会说谎，而一旦我们认为某个人老奸巨猾，即使他对你表示好感，你也会认为这是"黄鼠狼给鸡拜年——没安好心"。

心理定式效应常常会导致偏见和成见，阻碍我们正确地认知他人。

5.投射效应。

投射效应是指在人际认知过程中，人们常常假设他人与自己具有相同的属性、爱好或倾向等。"以小人之心，度君子之腹"就是一种典型的投射效应。当别人的行为与我们不同时，我们习惯用自己的标准去衡量别人的行为，认为别人的行为违反常规。喜欢嫉妒的人常常将别人行为的动机归纳为嫉妒，如果别人对他稍不恭敬，他便觉得别人在嫉妒自己。

我是社交高手

了解这些心理效应后，我们可以运用一些方法来提升自己的社交能力，赢得他人的好感，同时避免这些效应的消极影响。

1. 利用首因效应，打造完美第一印象。

首因效应告诉我们，第一印象是难以改变的。而第一印象主要是依据性别、年龄、体态、姿势、谈吐、面部表情、衣着打扮等，来判断一个人的内在素养和个人特征。既然第一印象如此重要，我们就可以充分利用它来完成漂亮的自我推销。

比如，保持微笑。微笑是最美的语言，它能传递热情、善良、友好和诚挚的情感，让他人感受到你的温暖和亲和力。

又如，整洁的外表。整洁的外表能给人留下严谨、自爱和有修养的印象。注重个人卫生，穿着得体整洁，展现出良好的精神风貌。

另外，言谈举止得体大方、注重礼仪细节、尊重他人的感受等，都能让你显得可爱可敬，更容易赢得他人的尊重和喜爱。

2. 把握近因效应，维护和谐人际关系。

一般来说，熟悉的人，如家人、朋友、同学，特别是亲密的人之间容易出现近因效应。例如，你忽然被一个平时要好的同学冒犯了，轻则会内心恼怒、情绪激动，重则会反唇相讥、针锋相对，甚至会大吵大闹、大打出手，觉得这个人不可理喻，甚至想跟他绝交。

遇到这种情况，要意识到这是近因效应在作怪，是它让你对朋友的最近印象发生了变化，以至于原来的良好印象所剩无几甚至荡然无存。这时，要尽量控制自己的情绪，避免冲动行事，想办法消除近因效应的影响。

可以找一个安静的地方，拿一张纸，竖向折叠，左边写出交往以来对方的好处，右边写出不好的地方。通过这种方式，你会发现对方的优点可能多于缺点，从而缓解自己的情绪，避免因近期的负面事件影响对他人的整体印象。

同时，在与家人、朋友、同学相处时，要注意言行举止，尊重他人的意见和建议，不要把话说死、把事做绝，给彼此留有余地，留下好印象，以改善和维护和谐的关系。

3. 认清光环效应，避免以偏概全。

要明白光环效应是一种普遍的心理错觉，它不仅仅表现在通常的以貌取人上，我们还常常以服装来判断别人的地位、性格，以初次言谈判断他人的才能与品德等。在对不太熟悉的人进行评价时，光环效应体现得尤为明显。

所以，我们在人际交往中，要时刻告诫自己注意光环效应所带来的负面影响，同时积极地利用它的正面作用给别人留下好印象。比如，不要以貌取人，也不要仅凭服装、初次言谈等因素来判断他人的地位、性格、才能与品德等。

4. 摒弃定式效应、投射效应，避免形成偏见。

在人际交往过程中，受到主客观条件的限制，人们往往难以全面地看问题，常常因各种偏见的影响，如定式效应、投射效应等，形成歪曲的认知和戒备心理。

认识到这些局限，我们要有意识地去克服，积极主动地与他人交流、沟通，分享彼此的想法和感受，以开放的心态去接纳不同的人和事物，增进相互了解，消除交往戒备心理。

同时学会适当地自我暴露，坦诚地向交往对象透露一些自己的秘密和经历，让对方更好地了解自己。但要注意把握分寸，避免过度暴露让对方小看自己，保持一定的神秘感和吸引力。

超实用TIPS

以下几个"小"技巧能让你释放人际交往的"大"魅力。

1. 打造良好第一印象。

微笑是最好的语言，保持微笑可以传递温暖和友好。

2. 控制情绪，维护关系。

在与亲密的人发生矛盾时，尽量控制情绪，避免冲动行事。回顾彼此的好处，可以帮助缓解负面情绪，保持和谐的关系。

3. 避免以偏概全。

不要仅凭初次印象判断一个人。要多角度观察对方，尊重对方的独特性，以更加全面的方式了解他人，避免误解和偏见。

4. 摒弃偏见，真诚待人。

保持开放心态，积极与他人交流，克服刻板印象和偏见。适当自我暴露，分享一些自己的经历，增进相互了解，但要注意分寸。

社交高手养成记

社交有规矩，
玩转就能不尴尬

一分钟故事

　　小美和小雅是大学同学，也是无话不谈的好闺蜜。她们经常一起逛街、吃饭、拍照，分享彼此的喜怒哀乐。

　　最近，小雅在社交软件上结识了一个叫小娜的女生，两人特别聊得来。小雅经常和小娜一起讨论时尚、美妆等话题，还一起参加了一些活动。小美发现小雅和小娜走得越来越近，心里有些失落。

　　有一次，小美看到小雅在朋友圈里晒出了和小娜一起去看演唱会的照片，而小雅之前答应过自己要一起去看这场演唱会。小美觉得小雅忽略了自己，于是在聊天时质问小雅为什么不遵守承诺。小雅解释说小娜正好有多余的票，就邀请她一起去了，她以为小美不会介意。

　　小美听了更加生气，觉得小雅不重视自己的感受。她要求小雅以后不要再和小娜来往，否则就和小雅绝交。小雅觉得小美太无理取闹了，她认为自己有权利结交新朋友，而且她和小娜的交往并没有影响和小美的感情。

　　两人为此大吵了一架，谁也不肯让步。从此，小美和小雅的关系变得紧张起来，她们不再像以前那样亲密无间，而是互相疏远，形同陌路。她们都不明白，为什么曾经那么好的友谊会变成这样。

专家有话说

建立友情的五大原则

　　在我们的社会交往中，每个人都希望自己能够得到他人的认可与接受，与周围人友好相处，获得长久稳定的友谊和爱情。然而在现实生活中，并不是每个人都能如愿。良好的人际关系并非仅凭个人的主观愿望所能决定的，而是需要通过健康的社交态度和行为来建立。就像故事中的小美和小雅，尽管她们彼此希望建立亲密的友谊，却因未能掌握人际交往的基本原则而关系破裂。

尊重原则是人际交往的基础。尊重他人不仅意味着外在行为上给予对方尊重，更需要从内心重视和关心对方的感受。每个人都有被尊重和认可的需求，当这种需求得到满足时，自信和自我肯定感就会增加。反之，缺乏尊重容易引发自我怀疑和不安。在交往中，我们应注意避免在公共场合做出损害他人颜面的行为，同时学会从他人的角度看问题，以便找到更合适的沟通方法。尊重不同的看法和想法，哪怕不完全认同，也不需要压制或否定对方的意见，这是维系友好关系的前提。

宽容原则在处理人际关系时尤为重要。宽容意味着对一些非原则性的问题不斤斤计较，用宽广的胸怀接纳他人的差异。严于律己，宽以待人，这种态度有助于避免因小事引发的冲突。宽容不仅能够化解问题，还能避免激化矛盾，有助于建立和维持长期的友谊。正如雨果所说："世界上最广阔的是海洋，比海洋更广阔的是天空，比天空更广阔的是人的心灵。"在人际交往中，宽容是一种有修养的表现，它能够拉近人与人之间的距离，创造和谐的交往氛围。

自我暴露原则指的是在与人交往时，主动分享自己的真实情况，但要注意适度和时机。研究表明，随着自我暴露的增加，人际关系会变得更加亲密。我们要根据对方的接纳程度，适当地分享自己的感受和秘密，以增进感情。但是，自我暴露要讲究策略和分寸，过度或过早的暴露可能引发对方的不适和抗拒心理，反而影响关系的发展。

互利原则是指在交往中双方都能从中受益，既包括物质上的互惠，也涵盖精神上的满足。在同学之间，精神互惠尤为重要。如果我们希望得到他人的关心和支持，就应多考虑对方的需求，给予必要的帮助和关注。只有在互惠互利的基础上，友谊才能更加持久。

诚信原则是人际交往的基石。诚实守信，言行一致，是维系良好人际关系的重要准则。研究表明，真诚和信用能够带来心理上的安全感，反之，虚伪和欺骗则会引发不信任和焦虑，最终破坏关系。人们在交往中可以容忍他人的缺点和失误，但对虚伪和欺骗的容忍度极低。因此，保持真诚和信用，是建立和维持健康关系的关键。

我是社交高手

同学之间要想更好地交到朋友，就要做到以下几点。

> 在掌握了人际交往的基本原则后，我们可以更有针对性地改善自己的社交行为，从而找到真正的朋友。
> 首先要在交往中学会尊重和理解他人。尊重他人是建立友谊的起点，我们应该关注他人的情感和想法，从他人的角

度出发，找到更合适的沟通方法。尊重不仅体现在自己的语言和行为上，也体现在如何回应他人的需求和意见上。当我们表现出对他人意见的尊重和重视时，往往更能赢得对方的好感和信任。

同时，宽容待人也是一项重要的社交技巧。在日常生活中，我们会遇到各种各样的人，有些人的观点和行为可能与我们截然不同。此时，我们要学会以开放的心态去接纳这些差异，避免在小事上斤斤计较。通过宽容地对待他人，我们能够减少冲突，增进理解，维护友好的社交氛围。试着在面对分歧时，多一点耐心和包容，这样不仅能减少摩擦，还能促进彼此的信任和依赖。

在建立和维持人际关系时，适度的自我开放也是必不可少的。自我开放能够拉近人与人之间的距离，但要注意分享的内容和时机。有选择地透露一些个人经历和想法，有助于提升彼此的亲密感和信任度。但同时也要尊重对方的隐私和边界，避免过于急躁或深入地暴露自己的隐私，给对方带来压力。

此外，坚持互惠互利的原则非常重要。在人际交往中，我们需要做到既能付出，也能接受。平衡双方的付出和索取，避免只关心自己的需求而忽视对方的感受。在友谊中，互相帮助和支持能增强彼此的情感联系，使关系更加稳固。

最后，始终保持真诚和诚信。待人真诚，言出必行，不搞虚伪和欺骗，是维系关系的基础。诚信的表现能够让我们在交往中赢得信任，建立起安全感。只有在真诚的基础上，人际交往才能顺畅地进行，友谊才能长久不衰。

超实用 TIPS

牢记以下规则，在社交中少走弯路。

1. 学会换位思考。

当遇到冲突或分歧时，想象自己是导演，将镜头切换到对方的视角，设想对方的感受和想法。这个练习可以帮助你更好地理解他人，减少误解，找到解决问题的最佳方式。用这种方法练习久了，你会发现自己在处理人际关系上更加游刃有余。

2. 日常练习"真诚的赞美"。

学会在日常生活中真诚地赞美别人，尤其是那些容易被忽略的细节。比如，赞美同事的新发型、感谢朋友的帮助，或者称赞对方完成任务的效率。真诚的赞美能迅速拉近你与他人之间的距离，让人际关系更和谐。

3. 结束不愉快的对话。

当对话陷入僵局或变得不愉快时，可以使用"礼貌退出法"。比如，用一句"我很享受和你聊天，不过我现在需要去做点别的事情了"来结束对话。这种方法既能维护你的立场，又不至于让场面变得尴尬。

社交高手养成记

如何成为"自带光环"的人

一分钟故事

小雅怀揣着对寄宿生活的期待与忐忑，踏入了新学校的宿舍。这是她第一次住校，对舍友充满了好奇。

不一会儿，一个扎着马尾、打扮得体的女孩走了进来，她热情地自我介绍："嗨，各位室友，我是文文，从今天起，咱们就是一个屋檐下的战友了！记得哦，以后谁要是夜里讲梦话，可别怪我不小心录下来当起床铃声哈。"文文的幽默风趣瞬间打破了陌生的氛围，小雅一下子就喜欢上了这个开朗的女孩，两人愉快地聊了起来。

下午，最后一个舍友冰冰登场了。她穿着随意，

> 显得有些邋遢，进门后也不打招呼，当同学好心帮她拿行李却不小心摔了箱子时，她还不耐烦地说："算了，还不如我自己拿呢。"小雅不禁在心里感叹：人与人之间的差别怎么这么大呢！

专家有话说

人际吸引的奥秘

人际如织锦，丝丝皆情感。小雅初入宿舍，心怀期许又夹杂不安。随即，文文以马尾束发、得体装扮及风趣言谈，迅速打破沉默，与小雅共同愉快交流。而冰冰邋遢的形象与冷漠的态度，让人不由自主地保持距离。

这一对比，文文明显是个招人喜欢的姑娘。

招人喜欢就是一种人际吸引，所谓人际吸引是指个人与他人之间情感上相互亲密的状态，是人际关系中的一种肯定形式。人际交往中，人们不仅相互认识，同时形成一定的情感联系，这种情感联系就表现在人际吸引上。生活中我们愿意与之交往的人，一般都是自己喜欢的人。

既然人际吸引在人际关系中如此重要，那我们就先深入了解一下人与人交往时，是如何产生人际吸引的？根据心理学家的众多研究，我们总结了影响人际吸引的因素主要有以下几个方面。

1. 邻近吸引性。

什么是邻近吸引性？简单说，就是空间距离比较近的人，如同桌、邻居、同事等，很容易形成亲密的关系。小雅、文文和冰冰成为舍友，空间距离近为她们的交往提供了条件。空间距离近给我们的人际交往带来有利的一面，但并不一定意味着单纯的距离接近就会有良好的人际关系。空间上的邻近只是一种条件，至于能不能发展成融洽的人际关系，还需要双方共同的努力。

2. 外貌吸引性。

"爱美之心人皆有之。"出于人类天性中对于美好事物的向往，仪表对于人际关系所产生的影响总是难以忽视的。外貌的吸引，不单纯指人的长相，还包括衣着打扮、仪表风度等。人的相貌基本上是天生的，很难有所改变，而气质和风度则在很大程度上是后天养成的。不过相貌对人际关系所起的作用往往是在交往的初期，尤其是第一印象的建立。随着时间的流逝，相貌的"威力"开始减小，人们会更关注个人的品质、能力等。

3. 个性品质。

个性品质的吸引，实际上是人格美的具体表现，外表美是一时的，而心灵美是经久不衰的。比起容貌，个性品质具有无与伦比的吸引力，而且这种吸引力持久、稳定、深刻。在实际的生活中我们也有这样的体会，只有那些心灵美的人才会真正受人欢迎和喜爱。在人际交往过程中一定要真诚，那些虚情假意的人最终是得不到别人的信任和喜爱的。

4. 相似性。

小雅更倾向于和文文这样性格开朗、好相处的人交朋友，因为她们在性格和处事方式上更相似，更容易相互理解和认同。这种相似性让她们在交往中能找到更多共同点，从而增进彼此的感情。

5. 互补性。

在现实生活中，互补性确实是构成人际吸引的另一个条件。比如，一个能言善辩的人可能会和一个沉默寡言的人建立亲密关系，因为他们在性格上互补，能满足彼此的需求。

我是社交高手

提升人际吸引力，成为一个招人喜欢的人并非一蹴而就的过程，需要我们用心去经营和维护。那么，怎么做才能提升自己的人际吸引力呢？

通过对人际吸引因素的分析可以看出，最有效的提升方法是从自身做出改变。我们要注意，有三类同学在人际交往中往往缺乏吸引力。

第一类是缺乏自信、不善于表达自己的同学。他们在与人交往时常常感到自卑，难以充分展现自身的魅力。第二类是过于以自我为中心、不考虑他人感受的同学。他们只关注自己的需求，忽略了他人的存在。第三类是情绪不稳定、容易发脾气的同学。

针对这几类同学的特点，我们有如下几个建议。

首先，要建立自信，善于表达自己。

如果你觉得自己不够吸引人，那么可以反思一下，是不是缺乏自信，是不是不敢表达自己的想法和感受？要知道，自信是一种魅力，能够让你更加从容地面对他人。可以从小事做起，逐步培养自己的自信心。比如，尝试主动与他人打招呼，勇敢地发表自己的观点，积极参与讨论。当你取得一些小成就时，可以及时给予自己肯定和鼓励，增强自信心。

同时，要学会表达自己。在与他人交流时，要清晰地表达自己的想法，让他人能够理解你的意图。注意语言表达的方式和语气，避免过于生硬或含糊不清。可以多学习一些沟通技巧，提高自己的表达能力。在善于表达的同时，还要学会倾听他人的意见和建议，尊重他人的观点，这样才能更好地与他人沟通和交流。当你能够真诚地表达自己，并且倾听他人的声音时，你会发现人际关系变得更加融洽。

其次，不要过于以自我为中心，要考虑他人感受。

所谓"己所不欲，勿施于人"。在人际交往中，要学会换位思考，关注他人的需求和感受。不要总是以自己为中心，只考虑自己的利益。要尊重他人的个性和选择，不要强加自己的意愿给他人。当他人遇到困难时，要主动伸出援手，给予帮助和支持。

当与他人发生分歧时，要学会妥协和让步，寻求双方都能接受的解决方案。不要固执己见，要尊重他人的意见，共同探讨解决问题的方法。通过关注他人的感受，你可以赢得他人的尊重和信任。

最后，要保持情绪稳定，不轻易发脾气。

情绪稳定是一个人成熟的标志，能够让他人感到安心和可靠。要学会控制自己的情绪，不要轻易被外界因素影响。当遇到挫折和困难时，要保持冷静，积极寻找解决问题的方法。可以通过深呼吸、散散心等方式来缓解情绪，避免冲动行事。

在与他人交往时，要保持平和的心态，不要因为一点儿小事就发脾气。如果不小心发脾气了，要及时向他人道歉，解释自己的情绪原因，争取他人的理解。

总之，提升自己的人际吸引力需要从自身做起，不断完善自己。在这个过程中，要保持耐心和毅力，不断学习和实践，相信你一定能够提升自己的人际吸引力，享受美好的人际关系带来的快乐和幸福。

社交高手养成记

超实用 TIPS

想在人群中"闪闪发光"？不妨试试以下方法。

1. 适当地开一些友好的玩笑。幽默能缓解紧张气氛，增强彼此的亲近感。

2. 邀请同学一起参加一些有趣的活动。共同的活动能创造美好回忆，加深友谊。

3. 当同学犯错时，要给予宽容和理解。宽容能让同学感受到你的大度和善良。

4. 经常表达对同学的感谢。这能让对方知道他的付出是被认可的，从而更愿意与你交往。

人见人爱的"秘诀"

一分钟故事

小云因为父母工作调动，不得不离开熟悉的环境，来到一座新城市，转学到一所陌生的学校。面对新的班级和同学，小云心里充满了忐忑。她在原来的学校朋友很多，大家都喜欢和她相处。但现在，一切要从头开始了。她担心：在这个新环境里，自己能不能找到新的朋友，同学会不会喜欢她？

社交高手养成记

专家有话说

人际交往的阻碍

小云在新学校里想快速融入新环境、交到朋友的期望及忐忑心理，是很多人在陌生环境中渴望融入的写照。那么我们如何才能尽快赢得他人的好感呢？俗话说："知己知彼，百战不殆。"要了解如何赢得好感，先要明白是什么阻碍了我们在交往中获得他人的青睐。

首先，很多人在人际交往中容易忽视第一印象的重要性。第一印象就像一扇门，决定了你与他人关系的开启方式。如果第一印象不佳，后续的相处便会面临更多的挑战。人们在初次见面时的几分钟内，就会对一个人形成总体印象。那些无法迅速赢得好感的人，往往是因为没有掌握好展示自己的技巧。或许他们表现得过于拘谨，缺乏自信的肢体语言和自然的微笑，甚至不敢与对方眼神交流。外在的表现和细节往往决定了他人对你的最初认知。

其次，许多人在社交中表现得过于被动，等待别人先主动接近自己。这样的态度往往会错失很多建立关系的机会。"机会总是留给有准备的人的"，在社交场合中也是如此。那些总是被动的人，容易让人误解为冷漠或不友善。害怕被拒绝或担心自己表现不佳，导致他们在人际互动中处于退缩状态。这种退缩心态往往源于自信心的不足。心理学家指出，一个人越是主动表达善意，越容易拉近与他人的距离。主动与人交流，是打破人与人之间隔阂的最佳方式。

另外，有些人对社交中的"主动"行为存在误解，认为主动出击会显得自己"掉价"或是"不够稳重"。这种观念实际上限制了人与人之间自然、轻松的互动。很多人宁愿闭口不言，也不愿迈出主动接触的第一步，殊不知，真诚的微笑和友好的问候，往往能带来意想不到的好感和机会。主动迈出第一步的人，往往会得到更多的回应和友善。

同样，有些人在人际交往中缺乏同理心，这也是导致他们无法赢得他人好感的一个原因。人际关系的本质在于情感的相互联结。无论是在学校还是在日常生活中，懂得将心比心，站在对方的角度思考问题，才能更好地与人沟通。很多人在与他人交往时，总是站在自己的立场，过于强调自己的需求，而忽视了对方的感受。我们只有学会理解和尊重他人的情感和需要，才能真正赢得他人的信任和好感。

最后，缺乏个人魅力，也会使人在社交场合中不易赢得好感。人们喜欢与那些有趣、博学、多才多艺的人交往。一个缺乏兴趣爱好或无法与人产生共鸣的人，往往在社交中显得平淡无奇。"腹有诗书气自华"，丰富的知识和多样的兴趣，不仅能让你在人群中更具吸引力，还能为你在与人交流时提供更广泛的话题。因此，要在人际交往中获得成功，就需要不断提升自我修养和内在素质。

我是社交高手

在社交中迅速赢得他人的好感，并不是一件轻而易举的事。这需要运用一些技巧，同时保持真诚和自然。正如俗话说，"先做人，后做事"，社交的核心在于如何让人感到舒适、愉快和信任。

要在交往中快速赢得他人的好感，最直接的方式是给对方留下深刻的第一印象。"良好的开端是成功的一半。"微笑是一张最好的名片，真诚的目光接触和开放的肢体语言，能让对方迅速感受到你的友好与热情。建立良好的第一印象，可以为后续的交往奠定一个良好的基础。

同时，社交中的主动性非常重要。不要等待别人来接近你，要勇敢地迈出第一步。主动上前打招呼，聊聊彼此的兴趣和共同话题，哪怕只是聊聊天气或者周边的环境，都是开启对话的好方式。在社交场合中，主动迈出第一步，才是建立人际关系的开端。

在与人交流时，学会倾听和回应对方的兴趣点，会让对方感受到被重视和被理解。戴尔·卡耐基曾说过："一个能倾听的人，永远不会缺少朋友。"因此，做一个耐心的听众，适时地点头、微笑，或者用言语回应对方，让对方感到你的关注和兴趣。"投之以桃，报之以李"，你的真诚和重视会让对方对你产生好感。

同理心也是赢得好感的重要法宝。学会站在对方的角度考虑问题，了解他们的感受和需求，是建立深厚人际关系的基础。无论是在谈话中，还是在行动上，都要做到设身处地、将心比心。在交往中多站在对方的角度看问题，人与人之间的误会和隔阂便能轻易消解。

此外，提升自身的个人魅力也是赢得好感的有效途径。丰富的兴趣爱好、广泛的知识面、健康的生活方式，不仅能让你在社交场合中更具吸引力，还能为交谈提供更多的话题和共鸣。一个人内在的修养和气质，往往更能持久地赢得他人的尊重和喜爱。

最后，不要忽视细节的力量。注意对方的需求和细微变化，适时地给予关注和鼓励，会让对方感受到你的体贴和温暖。一个真诚的微笑、一句恰到好处的赞美，甚至是简单的寒暄，都会让人觉得你是一个值得交往的人。只有用心去经营每一段关系，才能在人际交往的道路上走得更远。

总而言之，我们具备主动性、同理心和良好的个人修养，懂得倾听和关心他人，善于用细节打动人心，才能成为那个让人愿意亲近和信任的人。

超实用 TIPS

想成为人见人爱的魅力担当？试试这几个方法。

1. 报姓名时略加说明。

　　初次见面时，通过幽默或有趣的方式介绍自己的名字，可以加深对方的印象。例如，"我姓张，张飞的张，不是文章的章"。这种方法不仅让人印象深刻，还能表现出你的幽默感。

2. 找出与对方的共同点。

　　找到与你交往对象的共同兴趣或经历，会让对方迅速对你产生认同感。无论是谈论共同的爱好、学校背景，还是生活经历，这种"求同"策略能够拉近彼此的心理距离。

3. 动作举止潇洒大方。

　　你的肢体语言和姿态会直接影响他人对你的印象。大方、优雅的举止，不仅能传达出自信，还能让你显得更加迷人和可靠。

4. 了解对方的兴趣、爱好。

　　与人初次交往时，如果能在对方感兴趣的话题上展开讨论，往往能快速拉近关系。例如，和长者聊健康，和年轻人聊流行文化，能让对方觉得你是一个体贴、关心他人的人。

第三章

会表达的人,大家都爱

社交高手养成记

表达自己之前，先学会倾听

一分钟故事

学校举办了一场关于创新科技的讨论活动。小明、小亮和小美被选为代表参加。在活动中，大家纷纷发表自己对未来科技的想法。

小明总是急于表达自己的观点，别人说话时，他虽然看似在听，但实际上心思早已飘到自己的想法上，别人的话左耳朵进右耳朵出。

小亮则喜欢在别人发言时打断别人，然后按照自己的理解进行阐述，常常没有完全领会对方的意思。

而小美则不同，她专注地倾听每一个人的发言，眼神始终注视着发言者，不时点头表示认同。遇到有疑问的地方，她会等对方发言结束后，礼貌地提问，以确保自己准确理解了对方的想法。她把别人表达的各种观点都认真记在心里，然后在自己发言时，能够有条理地综合大家的观点，并提出独特而有建设性的见解。

最终，小美的表现得到了大家的高度认可。

专家有话说

用心倾听有利于心灵沟通

正是因为小美善于倾听，所以她得到了大家的高度认可。俗话说："会说的不如会听的。"小美专注地倾听每个人的发言，能准确理解对方的想法，还能综合大家的观点提出有建设性的见解，这样的人怎么能不受欢迎呢？

会倾听非常重要。倾听可以让我们及时捕获宝贵的信息，获得重要的知识和见解。平时多留心倾听，说不定就能有意想不到的收获。

而且，倾听还能让我们了解说话者的意图和个性特征。比如，那些总是爱问"你懂不懂""你明白吗"的人，大多自以为是、骄傲自满；而总说"说真的""的确这样""我说的都是实话""不骗你"的人，可能是总担心别人误解自己，急于博得别人的信赖。通过倾听，我们能更好地了解别人，与人相处也会更加融洽。

善于倾听对方谈话，能让我们有更多时间思考自己的话怎么说。要是反应没那么快，就可以像小美一样，在倾听的过程中好好想想，这样自己发言就能更有条理。

用心倾听更是有利于心灵沟通。用心听别人讲话，能让对方感觉到被理解和被尊重，增加彼此的信任度。在如今快节奏的社会中，大家的心理压力都不小，倾诉和倾听能缓解压力，消除消极影响。就像在家里，父母与子女、丈夫与妻子之间都需要耐心倾听，这样家庭才能更和谐。

卡耐基也说过："专心听别人讲话的态度是我们所能给予别人的最大赞美。"不管对谁，倾听都有同样的效果。

总之，倾听是交流的重要组成部分，善于倾听的人才能善于沟通，深得人心。

我是社交高手

倾听在我们的生活中起着至关重要的作用，它是有效沟通的关键。善于倾听，能让我们收获许多宝贵的信息和见解。

善于倾听的人，基本上做到了以下几点。

在倾听时，要耐心听。两个人交谈，尤其在谈论一个普通话题，你已经知之甚多而对方谈兴很浓的时候，出于对对方的尊重，你应该保持耐心，不能表现出不耐烦，更不能东张西望。如果你认为你对问题了解更清楚，就接过话头，不顾对方的想法大加发挥，就是不尊重对方的表现。

同时，我们要感受地听，不要评判地听。对方所说的话有可能需要提醒、纠正，有可能表露出某种情绪，但作为听者应先感受，设身处地地为对方着想，进行情感交流，然后适当地予以分析评价，才能使对方心悦诚服。

此外，我们还要积极反馈，适当提问，帮助别人说下去。可以请对方把某些重要之处谈得详细一些，或进行补充说明。这样不仅会使你获取更多的信息，而且会增进彼此的感情，进行更深入的交流。但要避免干涉性和盘问式的提问，不要探问对方的隐私。

而且，我们不要随便打断别人的话，更不要中间自己插进来大讲特讲。这不仅使别人感到扫兴，也会使别人感到未得到理解和尊重。

在倾听时，要专心听。当别人诉说时，自己要看着说话人的眼睛，不要心不在焉地一边干别的事，一边听，这是一种不尊重对方的表现。为了表示你专心听，在听的过程中要不时地点头，或用"对""嗯""好"等语气词给对方以认同感。

听是交流的一半，注意和善于倾听的人，也是善于沟通、深得人心的人。每个人的成长与发展，都要依赖于有效地接收和处理各种信息的能力，所以养成善于倾听的习惯，在一定程度上有利于我们获得幸福和成功。

超实用 TIPS

如何做个善于倾听的人呢？可以试试以下实用小技巧。

1. 保持目光接触。

   与别人交流时保持目光接触，说话者通常是通过观察对方的眼睛来判断对方是否在倾听的。

2. 展现赞许性的点头和恰当的面部表情。

   有效的倾听者会对所听到的信息感兴趣，那么，通过你的动作和表情把你的兴趣表现出来吧。

3. 避免分心的举动或手势。

　　在倾听时，应该尽量避免看表、心不在焉地翻阅文件、乱写乱画等动作，这样会使说者认为你对他讲的话题不感兴趣，也会使你的精力不集中。

4. 提问。

　　在倾听时进行提问，可以使自己更准确地理解内容，还会促进交流双方的互动。

5. 复述。

　　用自己的话重复所听的内容，既可以使自己的注意力集中于交流内容上，也可以检验自己对所听内容理解的准确性。

6. 避免打断说话者。

　　在别人说话时尽量耐心听，等别人说完了自己再说。

7. 不要多说。

　　人们总是乐于滔滔不绝地表达自己，而忽略了别人，有效的倾听者应该能够克制自己表达的欲望，多听别人说，自己少说。

8. 自觉转换听者与说者的角色。

　　虽然有效的倾听者应该全神贯注于说者所表达的内容，但有效的倾听者不应该固着自己的角色，而应该能够从说者到倾听者再回到说者，角色转换十分流畅。

社交高手养成记

如何让别人
爱听你说话

一分钟故事

　　小浩是一个活跃于各种社交平台的人，他喜欢在网上分享自己的生活和观点，并且总是直言不讳地表达自己的想法。有一次，他的朋友小航在朋友圈发了一张自己新做发型的照片，小浩看到后立刻评论道："这发型也太丑了吧，简直像个鸡窝，你还是赶紧换个发型师吧。"小航看到这条评论后，心里很不舒服。

　　还有一次，同学小文买了一件新衣服，穿到学校后问小浩的意见。小浩毫不留情地说："这颜色太难看了，款式也过时了，你怎么会买这样的衣服啊！"小文听了之后，觉得很尴尬。

此外，小浩还经常在群里讨论别人的隐私，并且毫不顾忌地发表自己的看法。比如，有个同学家里遇到了一些困难，小浩却在群里说："我觉得他就是自己不努力，才会遇到这些问题。"这些话传到了同学的耳朵里，大家都对小浩的行为感到不满。

渐渐地，小浩发现同学都不愿意和他聊天了，他在群里发言也没有人回应。他感到很困惑，不知道自己哪里做错了。

专家有话说

言语怎会伤人？

在人际交往中，言语的力量不容小觑。无论是日常的沟通，还是正式的交流，言语都是人与人之间情感传递和思想碰撞的重要桥梁。然而，同样的内容，采用不同的表达方式却往往会产生截然不同的效果，有时甚至会给对方带来完全相反的心理感受。这种细微但强大的差异不仅仅影响个人的感受，还会在潜移默化中决定人际交往的质量。一些人之所以在交往中让别人产生不快，常常不是因为他们有意冒犯，而是因为他们忽视了言语表达的技巧和艺术。

举例来说，像小浩这样的做法，直言不讳地评价他人的外貌、行为，表面上看是坦诚直率，实际上却是忽略对他人感受的关照，给人留下不够尊重和体贴的印象。当我们不顾及他人内心的真实想法，缺乏同理心地表达自我感受时，这种"坦率"往往会转化为尖锐的刺，直接伤害到他人的自尊心。这种伤害有时并不容易被察觉或承认，因为它往往以一种无形的方式在对方心中留下痕迹，逐渐引发不满、抵触甚至远离。

这种不合时宜的言语不仅会让对方感到被冒犯或被忽视，还可能导致更深层次的心理反应——反感、失望甚至敌对。一个简单的评价如果不经修饰，可能让对方觉得自己不被尊重或重视，从而产生负面情绪。这些负面情绪在交往中不断积累，最终可能演变为不信任、冷漠甚至隔阂。正是因为言语的影响如此深远，我们更需要反思如何在交流中选择合适的措辞和表达方式。

此外，不懂得在适当的时间、场合说合适的话，也会给人际关系带来伤害。我们常常低估了言语与情境之间的微妙关联。在某些情境下，言语的使用尤为重要。

总而言之，言语不仅是交流的工具，更是连接心灵、维护人际关系的纽带。不恰当的言语表达会像利刃般刺伤他人，造成不必要的误解和伤害。因此，我们在日常交往中应时刻谨记，言语有力量，表达需谨慎。学会尊重他人的感受，掌握适当的言语表达技巧，才能让我们的沟通更加和谐、顺畅，人际关系也将因此更加融洽。

我是社交高手

言语交际是一种十分复杂的技能。同样的内容用不同的话语表达出来，就会在对方心理上产生不同的影响，从而也会给双方的交往质量带来好的或坏的影响。言语表达方式也是多种多样的，一句话可以有多种说法，所谓"一句话，百样说"，说法不同，效果便截然不同。当有些意思不便直接说时，就需要运用表达的技巧了。常用的表达技巧有委婉、幽默等。

1. 委婉。

委婉是一种温和婉转又能明确表达思想的谈话艺术，"言在此而意在彼"是它最显著的特点。委婉的言语使人们在表达相同的意思时更含蓄、更动听，尤其在谈到激动和敏感的事情以及拒绝对方时，更能让对方接受。从心理学的角度看，委婉的话语不仅照顾了对方心理上的自尊，还容易令对方认同甚至接受你的观点。

生活中有很多事情是不能直接说出口的，否则会使人想起一些不美好的事物，产生不愉快的感觉。使用委婉、含蓄的言语可以帮助人们消除这种感觉，使交谈保留在较高尚、美好的层面上。比如，提到"厕所"一词，人们都认为有点不雅，在生活中人们常用"方便一下""去洗手间"等代替，就化解了一些尴尬的情景。还有的时候我们会故意使用一些游移其词的手法，给人以风趣之感。

在使用委婉含蓄的语言时也要注意，委婉含蓄并不等于晦涩难懂。它的表现技巧建立在让人听懂的基础上，同时要注意使用范围。如果说话晦涩难懂，便没有了委婉含蓄可言；如果使用委婉含蓄的话不分场合，也可能会引起不良后果。

在人际交往的过程中，掌握委婉而有效的话语艺术很有必要，这样不仅可以使自己更顺利地与对方建立对话机制，还能更进一步沟通。委婉的话语艺术不仅是人际沟通的需要，还是个人修养的体现，它能在不知不觉中为自己增添魅力，赢得人们的尊重。

2. 幽默。

幽默在人际交往中的作用是不可低估的。幽默的语言，能使社交气氛轻松、融洽，利于交流。人们常有这样的体会，在疲劳的旅途中、焦急的等待中，一句幽默的话语，一个风趣的故事，能使人笑逐颜开，疲劳顿消。

幽默还有自我解嘲的功用。在对话、演讲等场合，有时会遇到一些尴尬的处境，这时如果用几句幽默的话语来自我解嘲，就能在轻松愉快的笑声中缓解紧张尴尬的气氛，从而使自己走出困境。

在运用幽默的时候要注意以下两点。

首先，幽默以不伤害他人为原则。幽默不是油腔滑调，也不同于嘲笑和讽刺。幽默是在玩笑的背后隐藏着对事物的严肃态度，它不能使人产生受嘲弄或被辛辣讽刺时的痛苦感。

其次，幽默要注意人与人之间的礼貌。幽默常常是一种宽容精神的体现，要善于体谅他人，不要讲不当的笑话。

适宜的幽默能使人从笑声中发现真、善、美，给人以深刻的哲理启迪。正如莎士比亚所说的："幽默和风趣是智慧的闪光。"言语表达的艺术里面无论如何也少不了幽默这一项。

超实用 TIPS

想要提升说话的艺术，不妨试试以下这些方法。

1. 角色扮演。

可以与朋友或家人进行角色扮演的练习。设定不同的场景和角色，模拟实际的对话情境。通过扮演不同的角色，体验不同的说话方式和语气，从而提高自己的应变能力和表达能力。

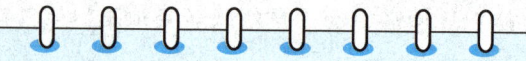

2. 对话练习。

　　找一个伙伴，进行定期的对话练习。可以选择一些话题进行深入讨论。在对话过程中，注意运用委婉、赞美、幽默等说话艺术，同时观察对方的反应，及时调整自己的表达方式。

3. 阅读学习。

　　多读一些优秀的文学作品、演讲稿或对话记录，学习他人的表达技巧和语言运用。注意作者是如何运用词汇、句式和语气来表达思想和情感的，从中汲取灵感。

4. 观察模仿。

　　在生活中，观察那些善于说话的人，学习他们的表达方式、姿态和语气。可以模仿他们的优点，但要注意保持自己的个性。

识破身体语言密码

一分钟故事

在学校的社团活动中，小明和小刚都想竞选社团负责人。小明在演讲时，眼神坚定地看着同学，面带微笑，声音洪亮且自信。他的手势自然，身体挺直，展现出积极向上的态度。当其他同学提问时，他会认真倾听，然后清晰地回答，让人感觉他很尊重别人。

而小刚则显得有些紧张，他不敢与同学进行目光交流，声音也比较小。他的手不知道该放在哪里，不停地摆弄着衣角，身体也有些蜷缩，给人一种不自信的感觉。

> 投票结果出来后，小明高票当选社团负责人，而小刚则落选了。小刚很困惑，他觉得自己的能力并不比小明差，为什么大家都选小明呢？
>
> 后来，老师找小刚谈话，告诉他在与人交流时，身体语言非常重要。小明通过良好的身体语言展示了自己的自信和能力，让同学更愿意信任他。而小刚的身体语言则传递出了不自信和紧张，让同学对他的能力产生了怀疑。

专家有话说

肢体动作也是语言

我们先来看小明和小刚竞选社团负责人的故事。小明在演讲时，眼神坚定，面带微笑，手势自然，身体挺直，让人感觉自信满满。小刚却紧张不安，不敢与同学进行目光交流，手也不知往哪儿放，身体蜷缩，给人一种不自信的印象。结果小明高票当选，小刚落选。这是为什么呢？俗话说："细微之处见精神。"在人际交往中，身体语言就像无声的密码，能传达出丰富的信息。

所谓身体语言（body language），指非语词性的身体信号，包括目光与面部表情、身体运动与触摸、身体姿态与外表、身体之间的空间距离等。通过身体语言实现的沟通，称作身体语言沟通。非语言沟通在交际活动中的作用是很重要的，它能使有声语言表达得更生动、更形象，更能真实地体现心理活动状态。美国口语学者雷蒙德·罗斯认为，在人际沟通中，人们所得到的信息总量只有35%是语言符号传播的，而其余65%的信息是非语言信号传达的。其中面部表情就可以传递其中55%的信息。

非语言沟通对语言沟通能起到补充和替代作用。我们现在所使用的很多非语言沟通都是经过很长时间大家都心领神会约定俗成的内容，所以这些非语言沟通具有一定的替代有声语言的功能。许多用有声语言不能传递的信息，通过非语言沟通却可以有效地传递。在日常生活中，我们也都在自觉或不自觉地使用各种非语言沟通代替有声语言，有时候能达到"只可意会，不可言传""此时无声胜有声"的效果。

其实，身体语言包括很多方面，如目光、表情、姿势等。以目光为例，"眼睛是心灵的窗户"，一个人的眼神能透露出他的内心世界。如果与人交流时缺乏目光接触，就像隔了一层纱，让人感觉不舒服，难以建立信任；就像戴深色太阳镜与人说话，会让人觉得你拒人于千里之外。

再看表情，它是传递情绪和态度的重要方式。"相由心生"，愉快时面部肌肉横伸，面孔显得较短；不愉快时，面部肌肉纵伸，面孔显得较长。眉毛的动作也很有表现力，如眉毛完全抬高表示难以置信，半抬高表示大吃一惊。

姿势更是能体现一个人的情感和态度。摆手可能表示制止或否定，双手外推表示拒绝，双臂外展通常表示阻拦。

然而，要真正理解和运用好身体语言并不容易。

首先，我们要理解别人的身体语言。"千人千面，各有不同"，同样的身体语言在不同性格的人身上可能意义不同，在不同情境中也可能有不同的含义。所以，我们不能简单地下结论，要站在别人的角度去考虑，用心去体验别人的情感状态。我们要避免误解别人的身体语言，以免造成隔阂。

其次，我们要恰当使用自己的身体语言。要经常自省，看看自己的身体语言是否自然、有效，是否会给人留下不好的印象。同时，要注意身体语言的使用情境，与自己的角色相称，做到言行一致。

总之，身体语言在人际沟通中有着不可替代的作用。我们要学会识破这无声的密码，让自己的人际交往更加顺畅、有效。

我是社交高手

掌握身体语言是人际交往中不可或缺的技能，下面就给大家分享一些关于身体语言的实用小窍门，让我们能够更加自如地运用这一强大的工具。

首先，让我们从表情开始。常言道："相由心生。"一个自然而明朗的表情能够给人留下亲切、真诚的印象。所以，不要刻意去堆砌表情，而要保持真实和自然。对于长、方脸型的同学来说，多微笑是一个不错的选择，因为微笑就如同阳光，能够融化人与人之间的隔阂，让你看起来更加亲切和温暖。

此外，还要注意眼神的交流，眼睛是心灵的窗户，通过眼神，我们可以传达出许多情感和信息。在与他人交谈时，要敢于正视对方的眼睛，这不仅能展现出你的自信和真诚，还能让对方感受到你的关注和尊重。

其次，手势也是身体语言的重要组成部分。要记住，"手势宜少不宜多"，过多的手势可能会让人感到杂乱无章，甚至会分散对方的注意力。因此，我们要尽量使用简洁明了的手势，让它们能够更好地辅助我们表达观点，与口头语言相得益彰。比如，在表达肯定时，可以轻轻点头；在强调某个重点时，可以用手势加以指引。

另外，身体的姿势也能传达出很多信息。保持挺胸抬头的姿势，能让你看起来更加自信和有精神。同时，要注意与他人保持适当的距离，不要过于亲近或疏远，以免给人带来不适。此外，还要注意自己的动作是否得体，不要有不良的习惯性动作，如挠头、抖腿等，这些动作可能会让别人对你产生不好的印象。

在与他人交流时，还要注意观察对方的身体语言，这能帮助我们更好地理解他人的情绪和态度。比如，当对方双手抱臂时，可能表示他们有些防备或不愿意接受你的观点；当对方频繁看表时，可能表示他们有些不耐烦或有其他事情要做。通过观察这些细节，我们可以及时调整自己的交流方式，让沟通更加顺畅。

最后，给大家分享一些具体的技巧。比如，当你想要表达友好和开放的态度时，可以微微张开双臂；当你想要表示专注和倾听时，可以身体前倾，点头示意；当你想要缓解紧张气氛时，可以适当运用友善的眼神和轻松的笑容。

总之，"细节决定成败"，身体语言的细节往往能透露出许多信息。掌握好身体语言，能让我们在人际交往中更加敏锐地感知他人，也能更准确地表达自己的想法和情感。我们要用心去体会和运用这些小窍门，让身体语言成为我们人际交往的得力助手，帮助我们成为更受欢迎的人。

超实用 TIPS

身体语言是"无声胜有声"的沟通密码。以下几个小技巧带你解锁身体语言奥秘。

1. 站立或坐立时挺直脊梁,收腹挺胸,展现出自信和积极的形象。

2. 真诚的微笑能够传达友好和善意,让人感到温暖和舒适。

3. 模仿对方的身体语言。在适当的情况下,微妙地模仿对方的一些身体语言,可以增强彼此的共鸣和亲近感。

4. 注意空间距离。根据与对方的关系和情境,保持合适的空间距离,既不过于亲近也不过于疏远。

社交高手养成记

掌控情绪，不做"情绪人"

一分钟故事

小雅和小辉是同班同学，正值青春期的他们都面临着学习和成长的各种挑战。小雅性格开朗，总是以积极乐观的态度面对生活，她的脸上常常洋溢着笑容，眼睛里充满着对生活的热爱。在学习上遇到困难时，她会鼓励自己："加油，我一定可以克服的！"在与同学相处时，她也总能发现别人的优点，给予真诚的赞美和鼓励，同学都很喜欢和她在一起。

而小辉则性格比较内向，常常因为学习和生活中的一些琐事而感到情绪低落。他总是皱着眉头，沉默寡言，不愿意与同学交流。在班级活动中，他常常是独自坐在角落里，显得格格不入。

一次期中考试，小雅和小辉都没有取得理想的成绩。小雅看到成绩后，虽然有些失落，但她很快调整了自己的情绪，认真分析了自己的不足之处，并制订了改进计划。她还主动找老师和同学请教问题，努力改进自己的学习方法。在这个过程中，她的积极态度也感染了身边的同学，大家互相帮助，共同进步。

而小辉看到成绩后，却陷入了深深的自责和沮丧中。他觉得自己很失败，对学习失去了信心。回到家后，他也不愿意和父母交流，把自己关在房间里。在学校里，他更是变得孤僻，不愿意参加任何活动。

后来，小雅的成绩越来越好，还结交了很多志同道合的朋友，变得更加自信和开朗。而小辉却越来越孤独，他的学习成绩也没有提高。

专家有话说

什么是情绪？

"人非草木，孰能无情。"情绪如同变幻莫测的云彩，时刻装点着我们的心情。那么，究竟什么是情绪呢？情绪是个人对外界刺激所产生的主观有意识的感受。它并无绝对的好坏之分，只是可以分为积极情绪与消极情绪。恰似天气有晴有雨，我们的情绪也会起起落落。积极的情绪能为我们带来活力与希望，让我们以乐观的心态面对生活；消极的情绪则可能使我们陷入困境，感到沮丧与无助。

情绪对我们的生活有着深远的影响，尤其是在人际关系方面。它就像一种无形的力量，悄然地在人与人之间传递。当我们处于积极情绪中时，周围的人往往也能感受到这份喜悦与活力，从而被我们所感染。当我们被消极情绪所困扰时，负面情绪也会影响到身边的人，使他们的情绪也变得低落。同样，与乐观开朗的人在一起，我们会感到快乐和积极；与消极悲观的人相处，我们可能也会被其影响情绪变得消沉。

比如，作家沈从文在艰难的岁月里，始终保持着乐观积极的情绪。即使遭遇种种困境，他依然用温暖的文字和豁达的心态面对生活。他的这种积极情绪也感染了身边的许多人，让那些在困境中的朋友和学生感受到了希望和力量，从而更加坚定地面对生活的挑战。他与朋友、学生之间的关系也因为他的积极情绪而变得更加深厚和牢固。

总之，情绪是我们生活中不可或缺的一部分。了解情绪以及它对我们的影响，有助于我们更好地掌控自己的情绪，在与人交往中更加游刃有余。

我是社交高手

既然情绪如此重要，那么我们应该把握住自己的情绪，尽量让自己更多处于积极情绪中，从而营造出融洽的气氛，建立良好的人际关系。但是我们在生活中难免会碰到心情糟糕的时候，这个时候就需要积极地调节自己的情绪。下面介绍几种调节情绪的方法，来帮助大家更好地掌控情绪。

1. 认识情绪。

情绪是个人对外界刺激的主观有意识的感受，没有好坏之分，只分正性情绪和负性情绪。情绪如同四季自然发生，且会影响人际关系。

2. 调节自身情绪。

推迟动怒时间：当要发脾气时，先在心里数数，延长动怒的间隔时间，缓和不良情绪。

合理宣泄不良情绪：采取积极态度，通过运动、读书、写日记、听音乐、找朋友谈心等方式宣泄，或在适当场合大声喊叫或大哭一场，要避免压抑自己或转向不良嗜好。

适当地转移目标：在需求受阻或遭受挫折时，通过满足另一种需求来减弱挫败感，发挥自身优势，增强自信心，将注意力转到积极向上的对象上，避免将怨气转向不良嗜好。

理性升华：把受挫产生的不良情绪引向崇高境界，将心理能量疏导到学习、工作或生活中，如歌德将失恋情绪升华到文学写作中。要在情绪不佳时理智思考，冷静对待每一件事。

提升自己的幽默感：幽默感能让人得到"笑"这一珍贵礼物，笑是良药，能调节不良情绪，要真诚地笑，让自己常沐浴在快乐之中。

3. 传递积极情绪。

微笑：微笑是最有感染力的交际语言，能缩短人与人之间的距离，表达善意和愉悦，给人温暖，但要笑得自然、美好、得体、真诚，不可为笑而笑。

注意表情和眼神：将积极心态展现在脸上，眼神要专注，避免表情冷漠、眼神迷离游散，以免给人无聊和冷漠的感觉，从而对人际交往造成障碍。

4. 感受他人情绪。

从细微表情识别情绪：观察微笑眨眼、眉毛上扬等表情，判断对方的情绪和话语的真实性。

从习惯动作看透一个人的情绪：注意指手画脚、以手掩口、轻拍别人肩膀、把手指关节弄响、抓头发、频频吐舌、拖着鞋走路等习惯动作所反映的情绪，从而更好地了解他人。

超实用 TIPS

试试调节情绪六法，说不定会有新的感受。

1. 推陈出新，改变自我。

人在一成不变的生活中，往往会觉得沉闷、没有生机、提不起精神，如果适时地对稳定的习惯做些小的变动，就会有一种新鲜感。如对办公室或居室进行一些小的调整、改变一下装饰，试着交个新朋友，投入一种新的爱好等。

2. 打扮自己。

经常衣冠不整，蓬头垢面，不仅影响情绪也会使自己处于萎靡的状态。打扮无须穿高档服装，只要得体就可以了。

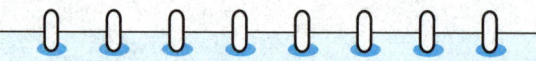

3. 巧用颜色。

多使用温暖、柔和而又富有活力的颜色，有助于保持良好的情绪，如绿色、粉红色、浅蓝色等。

4. 走进大自然。

大自然的奇山秀水常能升华人的心灵。登上高山，会顿感心胸开阔；放眼大海，会有超脱之感；走进森林，会觉得一切都那么清新。这种美好的感觉都是良好情绪的诱导剂。

5. 欣赏音乐。

在抒情优美的音乐中，会觉得精神振奋，情绪饱满，信心倍增。

6. 多接触阳光。

阴雨天人往往会出现情绪低落的现象，这是由于阳光照射太少引起的，所以应该多晒晒太阳。

第四章

遇到冲突别慌，冷静处理才是高手

面对冲突不要慌，
化解有招数

一分钟故事

故事一

在学校的社团活动中，老师为了提高同学的团队合作能力，开展了"小组合作挑战"的活动。小雅学习成绩优异，被安排与性格活泼但学习不太认真的小辉一组。小辉对此不太乐意，因为他觉得小雅总是太严肃，不好相处。在上次的小组作业中，小辉因为粗心犯错，小雅批评了他，两人为此闹得不太愉快。

这次挑战开始后，小辉又犯了同样的错误，导致小组进度受阻。小雅忍不住再次指出他的问题，小辉却觉得小雅太较真，两人当场争吵起来。事后，小雅

第四章　遇到冲突别慌，冷静处理才是高手

冷静下来，意识到自己的沟通方式可能有问题，决定找小辉好好谈一谈。小辉也觉得自己应该更认真对待任务，主动向小雅道歉。最终，他们相互理解，共同努力，成功完成了挑战。

故事二

小晨和小磊是好兄弟，他们都热爱电子游戏，经常一起讨论游戏攻略。最近，一款新游戏发布，他们都迫不及待地入手了。小晨游戏天赋较高，很快就掌握了游戏的技巧，而小磊则进展缓慢。

一次课间，小磊看到小晨在和其他同学分享游戏心得，心里有些失落，觉得小晨不再重视他。放学后，小磊忍不住对小晨说："你现在只和别人玩游戏，都不理我了。"小晨觉得很委屈，他说："我只是想和大家分享经验，没有不理你。"两人为此争吵起来，不欢而散。

之后的几天，小晨和小磊都觉得很别扭。小晨想找小磊道歉，但又拉不下面子，小磊也后悔自己太冲动，但不知道如何开口。

专家有话说

人际冲突从何而来

就像勺子总会碰锅沿，在人际交往中，冲突是难以避免的。许多原本亲密的朋友可能会因为各种冲突而分道扬镳。比如，故事二中的小晨和小磊，就因为一点小事产生了冲突，导致关系变得尴尬。

人际冲突，简单来说就是人与人之间出现了对立状态，如紧张、不和谐、敌视甚至争斗等。它的影响可不小，处理不好，可能会让大家闹得不愉快，甚至结下仇怨；但要是处理好了，也能让彼此增进了解，关系变得更亲密，正所谓"不打不相识"。

那冲突是怎么产生的呢？原因可就多了。比如说，每个人对消极情绪的容忍力不一样，就像盒子有大小，能装东西的多少也不同。要是压力大、身体不好或者情绪管理能力差，容忍力就会降低，一点小事可能就会引发大冲突。就像学生学习压力大或者家里有变故的时候，就容易情绪失控，与人发生冲突。

又如，人与人之间有差异很正常，但要是不能接受这些差异，挑剔别人，就容易产生冲突。就像内向和外向的人，或者男生和女生，对事情的看法和处理方式都不一样，如果不能互相理解，就容易产生矛盾。

还有，人与人之间的竞争也可能导致冲突。比如，嫉妒别人成绩好、长得漂亮，这些不好的情绪如果处理不当，就会引发不满和冲突。

另外，责任不明确也会引发冲突。就像一场电影，如果演员不清楚自己的角色和职责，这场戏就会演砸。一个宿舍要是不明确谁哪天做值日，可能会因为互相推诿而产生矛盾。

误会和传言也会导致冲突。人们对事物的看法不同，容易产生误会，如果不能及时澄清，情绪压抑久了就会爆发。

还有，人的需求要是得不到满足，也会引发冲突。比如，一个人长期得不到尊重，忍无可忍的时候就会爆发。

最后，人的偏见、成见、第一印象和思维定式等，也会成为冲突的导火线。这些不公平的对待会让冲突难以避免。

我是社交高手

在人际交往中，我们都希望能和别人友好相处，避免冲突。但有时候，冲突还是会不可避免地发生。的确，处理人际冲突是个挑战，但只要我们遵循以下这些原则，就能更从容地应对。

1. 要控制好自己的情绪。

大家都知道"冲动是魔鬼"。在发生冲突时，我们很容易情绪激动，说出伤人的话。这时，我们要学会给情绪降温，做合理的让步。可以先离开现场，冷静一下，或者深呼吸，让自己平静下来。我们还要学会用恰当的方式表达自己的感受，而不是随意发泄情绪。同时，我们要跳开"现在的我"，客观地看待自己和对方的情绪。要知道，情绪只是我们的一部分，我们能控制它。

2. 要当时当地解决冲突。

"今日事，今日毕。"遇到问题不要逃避，要坦诚地面对，及时解决。不然，小问题可能会变成大问题，到时候就更难解决了。

3. 要就事论事，对事不对人。

"对事不对人，方得人心。"在冲突中，我们要把焦点放在事情本身，客观分析原因，不要把责任归咎于某个人。要明白，人是会改变的，我们不能因为一件事就否定一个人。

第四章 遇到冲突别慌，冷静处理才是高手

超实用 TIPS

如果面对冲突束手无策，可以尝试下面几种做法。

1. 尽量避免争论。

俗话说："忍一时风平浪静，退一步海阔天空。"争论往往不会有好结果，不管谁赢谁输，都会伤害彼此的感情。所以，当意见不合的时候，我们可以试着换个角度看问题，或者等双方都冷静下来再讨论。

2. 不要直接责怪和抱怨别人。

"良言一句三冬暖，恶语伤人六月寒。"直接指责别人会让他们的自尊心受到伤害，我们可以用更委婉的方式表达自己的意见，如暗示和提醒。

3. 承认自己的错误。

"知错能改，善莫大焉。"当我们意识到自己错了的时候，要勇敢地承认，这样不仅能让自己心里踏实，还能打破人际僵局，让别人感受到我们的真诚。

4. 学会批评。

不到万不得已，不要轻易批评别人。如果必须批评，我们可以像卡耐基说的那样，从称赞和诚挚感谢入手，先提到自己的错误，用暗示的方式提醒别人，给别人留面子。

面对"小霸王"要有勇有谋

一分钟故事

明明刚刚升入初中，对新的校园生活充满了期待。然而，他的期待很快就被打破了。

班里有几个"小霸王"，他们穿着时尚潮流，自以为很酷。他们经常找明明的麻烦，嘲笑他的穿着不够时尚，推搡逗弄他，甚至把他的书本扔得到处都是。

明明个子不高，身材也比较瘦弱，他不敢反抗这些"小霸王"，只能默默忍受。他害怕告诉家长和老师后会被认为是胆小鬼，而且担心会遭到更严重的报复。

这些"小霸王"还喜欢在社交媒体上炫耀自己的行为，拍摄明明被欺负的视频并发布，以此来获得关注和满足感。

明明的生活变得一团糟，他每天都害怕去学校，精神状态也越来越差，学习成绩直线下降。

他觉得自己仿佛陷入了一个黑暗的深渊，无法逃脱。

专家有话说

校园欺凌的背后

在校园中，像明明这样遭受欺凌的情况并非个例。事实上，中小学中普遍存在欺凌问题，约五分之一的初中生和小学生会被涉及。男生之间的欺凌常常表现为直接的身体冲突，如推搡、殴打；女生则更多是通过言语攻击、排挤或孤立等方式。这种欺凌行为实质上是一种攻击行为，是有意给他人造成伤害，无论是身体上的还是心理上的，都对儿童及青少年的身心健康发展极为不利。

欺凌行为通常具有以下特点。

首先，它是非激惹性的，也就是说，欺凌是有意为之，且无缘无故的，受欺凌者并未事先激惹对方。其次，欺凌往往暗含着力量的不平衡，通常是强者对弱者的攻击。最后，欺凌是一种长时间的重复行为。正因为如此，经常受欺凌会给孩子带来长期的不良影响，如情绪抑郁、注意力分散、感到孤独、逃学、学习成绩下降以及失眠等。

那么，为什么校园中会出现这样的欺凌行为呢？这背后有多种因素。从心理因素来看，人的潜在本能——攻击性是校园欺凌行为的根源之一。在许多校园欺凌事件中，我们可以发现，一些青少年的个体攻击性较强，就像案例中欺凌明明的"小霸王"，他们大多个性霸道、攻击性强。

家庭因素也不容忽视。"子不教，父之过。"一个人的人格健康形成与家庭教育密切相关。家庭成员文化素质水平低、道德品质败坏，父母管教方法不当，过于严厉或溺爱，或者疏于管教，家庭气氛紧张、不和谐，孩子缺少关爱和安全感，这些都会对孩子的健全人格培养产生负面影响。在这样的家庭环境中成长的孩子，在社会化过程中可能会产生人格障碍，从而做出欺凌别人等过激行为。

学校因素也占有一定比例。缺少成人监管的场所，如操场、食堂、上学和放学的路上，往往是欺凌行为的多发地带。因为欺凌别人的学生认为在这些地方实施欺凌行为不易被发现，从而可以逃脱惩罚。此外，学校的干预管理不到位，也是校园欺凌行为不断增多的原因之一。调查研究显示,虽然有85%的教师声称他们"几乎一直"或"经常"制止欺凌行为,但实际上只有35%的学生表示当欺凌行为发生时教师会出现并加以制止。类似的调查还显示,40%的小学生和60%的中学生说教师只是"偶尔"或者"从来不会"制止欺凌行为。

大众传媒的副作用也不可小觑。有暴力倾向的影视作品、书刊和网络游戏充斥着青少年的生活,对他们暴力行为的形成产生了很大影响。有些学生为了满足玩网络游戏的愿望,甚至会勒索低年级学生的钱财,若得不到钱就会实施暴力行为。此外,不良的青少年亚文化也在潜移默化中影响着学生的欺凌行为。比如,在一些学校里,学生之间不称呼名字,而称呼绰号,用自己发明的一套语言方式交谈。

我是社交高手

在中小学里面,有明明这样遭遇的同学并不少,很多同学或多或少地有过被欺凌的经历。近年来,校园暴力和校园犯罪的新闻也屡见不鲜。对学生来说,大部分时间都在学校生活、学习,家长不能够时刻看护,而老师也总有无法顾及的时候,所以,如何应对被欺凌、学会自我保护是青少年时期必须面对的人际交往问题。

那么,我们在面对"小霸王"的欺凌时,是奋起反抗,还是

社交高手养成记

默默承受呢？下面的一些建议，希望有所帮助。

1. 增强自信心。

在同学关系中，虽然不乏类似案例中欺凌明明的"小霸王"存在，但大多数仅止于恶作剧、言语嘲笑。在这样的情况下，我们要增强对自己的信心，不要轻易让别人的评价左右对自己的认识。在同学交往中，容易被欺凌的同学往往缺乏自信，而这样的同学也更容易因为别人的嘲讽看轻自己，更加自卑，长此以往，很难建立对自我的正确认识。

增强自信心的方法很多，其中之一就是通过获得成就感和认同感建立自信。在与同学交往的过程中，我们要学会展示自己，给大家更多了解自己的机会，让别人看到你的闪光点。这样的机会很多，你可以根据自己的优势进行选择，在学习、生活和多姿多彩的校园活动中尽情绽放自己的青春。这样，那些嘲笑你的"小霸王"就不复存在了。

2. 克服惧怕心理。

面对同学的挑衅，你是不是常常因为害怕而再三让步呢？如果你回答"是"的话，那么你成为别人欺凌的对象就不足为奇了。在人际交往中，别人怎么对待你，很大程度上是由你允许别人怎么对待你来决定的。在受到恶意挑衅时，懦弱退却并不能保护自己。告诉自己不要害怕，不要理睬他，更不要恶言相向，用漠视他的方式来表达自己的不满。恶作剧的人往往是心虚的，只要你"不买他的账"，他就会适可而止了。如果他仍然没有意识到自己行为的不妥之处，你就要严词厉色地向他表明你的观点，告诉他这样的行为是错误的，叫他立刻停止。

3. 建立自己的朋友圈。

很多容易受欺凌的同学常常会在校园生活中感到孤立无援。环顾一下自己的周围，是不是有一些经常在一起玩耍的稳定的伙伴、朋友呢？如果没有的话，那么就从今天开始，多结交一些新朋友，建立自己的朋友圈吧！当你有了稳定的朋友圈，不再常常落单，生活和学习中也经常有人陪伴。这样，一方面，通过朋友之间互相帮助、互相支持，不再容易成为被别人欺凌的对象；另一方面，也会使你的校园生活更加丰富多彩，充满乐趣和活力！

4. 勇敢地进行自我保护。

当受到的欺凌不仅止于恶作剧而演变成性质恶劣的如殴打、勒索等校园暴力时，一定要学会用正确有效的手段保护自己。千万不要因为害怕被家长责怪或者畏惧被报复而忍气吞声，更不要通过以暴制暴的手段进行防卫。在面对校园暴力时，要将自己的人身安全放在首位，大声呼救，尽快逃离危险处境，不要以身犯险。在遇到侵害时，要及时向家长、老师或者你身边可靠的成年人求助，必要时可以向警察寻求帮助。

超实用 TIPS

欺凌事件发生在自己身上时，该如何应对呢？可以参考以下几点。

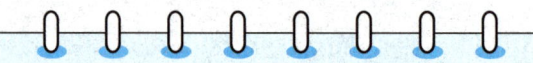

1. 保持冷静。

被欺凌时，要尽量保持冷静，不要惊慌失措，这样能更好地思考应对策略。

2. 学会求助。

遇到欺凌时向家长、老师或其他可靠的成年人求助，他们会给予你支持和帮助。

3. 提升自我保护意识。

了解一些基本的自我保护知识，如怎样避免危险、如何应对紧急情况等。

4. 树立正确的价值观。

坚信正义和公平，不参与或纵容欺凌行为，同时要勇敢地站出来反对欺凌行为。

被孤立怎么办

一分钟故事

小涵是一名初中生,他对动漫和二次元文化非常着迷,经常在课余时间参加各种动漫展,还会购买许多动漫周边产品。在班级里,他也总是热衷于和同学分享自己喜欢的动漫角色和剧情。然而,班上的大部分同学对二次元文化并不了解,也不太感兴趣,他们觉得小涵的爱好很奇怪,难以理解。

渐渐地,小涵发现同学在聊天时总是忽略他,组织活动也不怎么邀请他参加。他感到非常失落和孤独,不明白为什么自己的爱好会让他被孤立。

有一次,班级要分组完成一个项目,小涵主动加入了一个小组,但小组里的同学对他的想法和建议并

社交高手养成记

不重视，认为他的二次元思维与项目无关。小涵努力解释自己的观点，却得不到大家的认可，这让他感到十分沮丧。

专家有话说

孤立从何而来？

像小涵一样感到被群体孤立的个案在现今的中小学生中很常见。为什么在群体中会存在被孤立的现象呢？这些同学被孤立的原因又是什么呢？有关调查显示，被孤立的原因并不单一，既有个人的因素又有环境的因素。而让人忧心的是很多在群体里被孤立的孩子，其实内心又是十分渴望拥有朋友的，只是苦于不明白问题出在哪里，不知道该如何改变这种状态。

一般来讲，在中小学中被同学孤立的原因主要有以下几个方面。

首先,被孤立者自身性格的因素。

被孤立的同学往往在性格方面比较内向,遇到问题总是选择逃避。这些同学身边的朋友不多,缺乏交往的经验,不太懂得如何去结识、了解他人,也不善于同别人交流沟通,交往面较窄。他们还往往自信心不足,缺乏果断性。因此,当好不容易交到的好朋友态度突然改变时,他们一时间难以接受,陷入茫然不知所措的状态,不知该如何是好。另外一种情况是,这些人性格中有让人不喜欢的特点,如喜欢背后打小报告、喜欢以好学生的姿态自居看不起别人等,这些特点也会造成他们被同学孤立。

其次,同伴交往多以小团体为主。

在班级里,同学往往都是三三两两组成好朋友,存在很多小圈子。无论是班级集体活动还是私下交往,他们总是在一起,似乎离开了这个团体便什么事情也做不了,而且集体利益总是高于个人利益,为了维护团体的稳定,团体中多一个人不行,少一个人也不行。像故事中的小涵,他受到群体排斥的原因并不仅仅在于自身,还在于交友范围小而得不到其他同伴的支持。同为青春期的孩子,小涵班上的同学都担心自己不被群体接受,如能跟随他人排斥一个群体所共同排斥的人,就会让自己更容易被群体接纳,从众的心态也导致了小涵陷入孤立无援的状态。

最后,教育环境影响。

小涵因感到被孤立而遭遇心灵上的创伤,与其所处的教育环境也有一定的关系。当前的教育过程中学生升学压力过大、家长期望过高、学校过多追求成绩,这些都导致忽视了孩子良好个性的培

社交高手养成记

养,忽视了孩子心理上的变化,忽视了教会他们怎样进行有序的良性竞争以及怎样建立良好的人际关系等。这些都是导致校园暴力出现的重要原因。如果教师和家长能在注重学习之余多关注学生的心理变化,这种情况会好很多。

我是社交高手

那么如何帮助被孤立的同学解决这个难题呢?就让我们给他们支支招吧!

通过上面的分析,我们发现最有效的改善办法是从自身入手。在与同伴交往中,以下三类同学容易有被孤立的感受:一是社会交往能力较弱的,他们自卑、性格内向、缺乏与人沟通的能力;二是以自我为中心或有攻击行为的,表现为自私、好强、表现欲强烈;三是个性上有弱点或有特殊能力的,比如,爱打小报告、爱发脾气,或者过于优秀而不合群等。

针对这几类同学的特点,我们有以下建议。

首先,反省自我,明确问题。

如果很多人都不愿意理自己,那么肯定是自己哪里出了问题,所以,第一件需要做的事便是反省自我:是不是自己哪里没做好或是说了不该说的话?是不是曾无意间伤害到朋友自己却不知道?是不是自己有什么不好的习惯他们受不了，或是存在误会？

　　意识到自己被孤立，要主动寻找被孤立的原因，尽快调整，比如，主动澄清误解，开诚布公地交流。勇敢地踏出交流这一步，可以防止因不了解而带来的猜测，也就避免了被孤立态势的继续发展。若是真正的朋友，真诚的沟通必能帮助彼此消除隔阂。同时，他人的评价也能帮助自己更全面地了解和认识自己。

　　能够自我觉察，才能自我克制；能够对症下药，才能逐渐改善自己的不足。

其次，重新评估，主动出击。

　　要想改变人际关系状况，可以重新整理一次友谊清单，在这个清单中列出班上对自己很不友善、友善和很友善的名单。当名单列好后，会发现事实上对自己很不友善的人其实很少，而名单上友善区的扩大，会让自己认识到班上的同学并非如自己所想的那样讨厌自己。如果能从名单上的友善区中找到几位甚至仅仅一位同学愿意开始接纳自己，就能有效地降低孤立感。

　　被孤立的同学应该明白，不是所有的人都在排斥你。很多中学生有时候并不知道为什么要远离那些被孤立者，只是觉得大家都不愿意跟他在一起，自己如果"破了规矩"，没准儿也会有同样的遭遇。如此看来，孤立他人往往是从众心理在作祟。

再次，建立自信，重新出发。

即使被孤立、被拒绝，也不要一味沮丧，怨天尤人，不妨勇敢地告诉自己：抬头挺胸，面露微笑，坚强一点。要相信自己，生活一直都在自己的把握之中。

除此之外，可以多参与一些其他的集体活动，结交群体之外的朋友，从一个新的小团体再次出发，在这里练习交友的技巧，学习新的正向行为，给自己找到新的支持。或许新的活动，能帮助自己发现自己从未注意到的特质，化危机为转机，从特质中建立自信，把眼光放远，有宽大心胸的人，自然会展现出独特的人格魅力，吸引更多的朋友。

最后，扩大交友范围，提高人际意识。

在生活、学习中有意识地亲近同学、关心同学，扩大交友范围，并尝试多建立几段稳固的友谊，这些也是避免被孤立的好方法。

超实用 TIPS

被孤立不可怕，关键是要勇敢突破。这几个小技巧助你打破被孤立的局面。

1. 每天为同学做一到两件好事。人们通常都容易喜欢那些肯帮助自己的人。

　　2. 对每天见面的同学多报以微笑。微笑是最容易让别人在心理上接受你的方法之一。

　　3. 每天写一个同学的优点，并把这些优点集中起来经常欣赏。当你懂得了欣赏别人的优点，就会表现出对那个人的好感，人在心理上大都愿意和对自己有好感的人打交道。

　　4. 适当地请同学帮个小忙。有时候请同学帮一个他们力所能及的小忙反而能很好地拉近彼此的距离。

懂得拒绝，学会说"不"

一分钟故事

晓晓热衷于绘画，他在短视频平台上分享自己的画作，收获了不少粉丝。最近，他的一幅作品在网络绘画比赛中获得了奖项，这让他在学校里名声大噪。

许多同学得知后，纷纷找晓晓帮忙画各种插画，有的想用来做自己的社交媒体头像，有的想装饰笔记本。这让晓晓感到了困扰，因为每天的学习任务很重，还要抽出时间练习绘画技巧，他根本没有足够的精力满足所有同学的要求。

此外，一些同学对晓晓的画作提出了各种修改意见，希望他能按照他们的想法来画，这让晓晓觉得自己的创作风格受到了限制。而且，有些同学在晓晓帮

> 忙画完后，也没有表现出感激之情，这让晓晓感到很失落。
>
> 晓晓希望能够拒绝一些不合理的请求，又不想伤害同学之间的感情。他不知道该如何处理这种情况，感到非常苦恼。

专家有话说

拒绝别人其实很难

在人际交往中，我们常常会遇到像晓晓那样的困扰，当同学或好朋友向我们提出要求，我们却出于各种原因无法满足他们时，就会陷入两难的境地，不知该如何拒绝。

为什么很多人会觉得拒绝别人是一件很难的事情呢？其中的原因有很多。一些人认为拒绝就意味着冷漠、自私，会招致别人的讨厌、批评，甚至会损害友情，所以他们宁愿委屈自己，也不愿意拒绝别人。也有一些人自信心不足，总是觉得他人的需要比自己的更重要，因此在面对需要拒绝的情境时，会感到特别焦虑。

此外，人们往往觉得接受请求比拒绝更容易，担心拒绝之后会得罪对方，或者招致对方在其他方面的报复。他们想做一个广受好评的"好人"，却不明白拒绝不合理的请求的重要性，也不知道该如何拒绝。

就像古人说的："当断不断，反受其乱。"我们往往会因为不懂得拒绝而给自己带来很多麻烦。在我们能够答应别人请求而自己也不觉得为难的情况下，当然应该尽力去帮助别人。但是，当遇到违背自己原则、价值观念、人格、意愿的事情，或者是违反法律、规则的行为时，我们必须坚决拒绝。拒绝是一门学问，需要我们用心去学习和掌握。有时候，我们明明心里不愿意，却因为不好意思拒绝而答应了别人，结果给自己带来了长久的不快。所以，学会拒绝非常重要，可以提高幸福感，让生活变得更加轻松、潇洒。

总之，我们要学会拒绝的艺术，既要维护好自己的利益，又要尽量不伤害别人的感情，这样，我们才能在人际交往中更加自如、舒适。

我是社交高手

在人际交往中，我们要明确一些原则。我们应该在能够答应别人请求时尽可能地答应，但如果遇到违背原则、价值观念、人格、意愿或违法犯罪的行为，就必须坚决拒绝，这既是对自己负责，也是对他人负责。

同时，我们要掌握拒绝的方法。首先，要耐心倾听，即便一开始就知道要拒绝，也要耐心听完对方的请求，了解其愿望和要求，因为贸然拒绝容易引起反感，损害人际关系。其次，要坦诚难处，"以诚感人者，人亦诚而应"，我们要站在对方立场思考，理解请求的重要性，同时坦诚自己的难处，比如，我们可以说："我真的很想帮你，但我最近手头事情太多，实在抽不出时间，希望你能理解。"这样对方可能会体谅并放弃请求，我们在拒绝时要真诚说出充分理由，切勿编造谎言，否则终将被揭穿。

此外，我们还要学会委婉表达，选择合适的委婉拒绝语言能让拒绝更容易被接受。

比如，可以用谢绝法说："对不起，谢谢，这样做可能不合适。"

用婉拒法说："哦，这样啊，可是我还没有想好，考虑一下再说吧。"

用不卑不亢法说："哦，我明白了，可是你最好找对这件事更感兴趣的人，好吗？"

用幽默法说:"哈哈,我可没那本事,你这是'赶鸭子上架'呀。"

用无言法通过摆手、摇头等肢体语言表示拒绝。

用缓冲法说:"哦,我再想想,过两天给你答复。"

用回避法说:"今天咱们先不谈这个,说说别的吧。"

用补偿法说:"真不好意思,我帮不了你这个忙,不过我可以帮你做其他事情。"

用借力法说:"你问问他,他比我更适合做这件事。"

用自护法说:"我真的不太擅长这个,怕搞砸了,还是算了吧。"

在表示拒绝后最好给对方提供可替代的其他可行办法,这样既能减少对方的不满和失望,也能体现自己的诚意。同时,要避免通过第三方拒绝,通过第三方拒绝会让人觉得没有诚意,所以应尽量亲自表达拒绝。

在实际生活中,我们可能会遇到各种需要拒绝的情况。例如,朋友邀请你参加一个你不感兴趣的活动,你可以耐心倾听他的想法,然后坦诚地说自己有其他安排,或者推荐可能感兴趣的人参加。又如,同学向你借东西,你担心有风险,可以委婉地说明自己的顾虑,并提供一些建议。总之,学会拒绝的艺术,能让我们更好地处理人际关系,让生活更加美好。

超实用 TIPS

拒绝并非冷漠，而是一种智慧的选择。这几个小方法教你勇敢说"不"，掌握拒绝的艺术。

1. 强调自己的原则。

例如，"我一直坚持这样的原则，所以这次恐怕无法答应你"，让对方明白你的拒绝是基于原则。

2. 提供其他建议。

如果你不能满足对方的请求，可以提供一些其他的建议或资源，帮助他们解决问题。

3. 表达感激。

即使你要拒绝，也可以先表达对对方的感激，感谢他们对你的信任和期望。

4. 设定边界。

明确自己的边界和能力范围，让别人知道哪些事情你愿意做，哪些事情你不愿意做。

5. 练习说"不"。

在日常生活中，有意识地练习说"不"，这样在真正需要拒绝时你会更加自然和坚定。

6. 用肯定的语气拒绝。

　　例如,"我很确定我不想这么做",而不是含糊其词,要让对方清楚你的态度。

7. 避免过度解释。

　　简单明了地说明拒绝的原因即可,不要过度解释,以免让对方觉得你在找借口。

8. 给予对方尊重。

　　在拒绝时,要保持尊重的态度,不要伤害对方的感情。

9. 坚持自己的决定。

　　一旦做出拒绝的决定,就要坚定地执行,不要轻易被对方说服而改变主意。

第四章 遇到冲突别慌,冷静处理才是高手

面对流言蜚语,淡定是王道

一分钟故事

小美是一名初中生,她不仅成绩优异,还在短视频平台上小有名气,因为她经常分享自己的学习心得和生活趣事,收获了不少粉丝。然而,最近她发现自己陷入了流言蜚语的困扰。

在学校里,一些同学在背后议论她,说她在网上炒作自己,想当网红。还有人说她分享的内容都是虚假的,只是为了博取关注。这些议论在班级里悄悄传播,甚至传到了其他班级。

小美感到非常委屈和困惑,她不知道自己做错了什么。为了避免这些议论,她开始减少在网上的分享,也变得沉默寡言。但她发现,这样做并没有让议论停

社交高手养成记

止，反而让自己变得越来越不开心。最近，小美在上课时总是走神，无法集中精力学习。她的成绩也出现了下滑，这让她更加焦虑。她担心这样下去，自己的梦想会受到影响，无法实现自己的目标。

小美不知道该如何面对这些背后的议论，她感到很无助。她不明白为什么同学会这样对待她，她只是想分享自己的生活，给大家带来一些正能量。她开始怀疑自己，甚至想要放弃在网上的分享。

专家有话说

青少年为何对闲言碎语如此敏感

"哪个人前不说人，哪个背后无人说？"哪怕是在中学生中间,"背后议论"也是一个经常使大家烦恼的问题。这些背后议论有的是随口说说,有的是牢骚话,有的是捕风捉影、无中生有,也有的是因为没有当面建议的勇气和机会。

然而,无论哪种背后议论,都会对被议论者造成一定的伤害,特别是对处于青春期的学生来说,伤害往往更持久,留下的心理阴影也会更大。就如故事中的小美,因同学无中生有的背后议论而苦恼、迷茫,不仅对她的学习和生活产生了消极的影响,也给她带来了巨大的心理压力,影响到她和同学的人际关系。那么,人们为什么爱在背后议论他人?为什么青少年对背后议论很在意呢?下面我们就一起来分析。

首先,背后议论他人是希望被关注的心理需要。

心理学研究表明,背后说人闲话可以满足人们被关注的心理需要。因为"嚼舌根"让人们有机会过度分享第三者的秘密,一个把握众多"小道消息"的人往往能吸引很多的听众,让自己成为众人关注的焦点,充分享受被他人关注和尊重的感觉,从而有机会对生活中不舒畅的体验做一下补偿。

其次,背后议论别人也是亲密交往的需要。

在社会交往中,每个人都希望得到别人的认可和接受,都有对友谊的渴望。而一般的友谊发展都会经历共同的活动、秘密的分享等阶段,喜欢在背后议论他人的人在本质上,是希望借用分享别人秘密的手段,获得与听者友谊的增长、关系的促进。

再次,背后议论他人是人们排解压力和释放攻击性的一种方式。

社交高手养成记

一个人如果心中的秘密过多的话，那么需要更多的心理能量来控制这些秘密，这常常令人不舒服，所以会产生倾诉的需要。此外，攻击性是人性的一部分，每个人或多或少都有一点，只是由于受到法律和道德的约束，不能直接做出伤害他人的行为，因此，说他人的闲话便成为间接满足攻击性的一种方式。

最后，青少年自身年龄特点造成对被议论更加敏感。

处于青春期的学生正是自我意识高涨的时期，特别关注自己的外在形象，在意他人对自己的评价，所以对于他人的议论非常敏感，也非常害怕他人的背后议论。社会心理学家曾就"你平时最害怕什么"这一问题，对上海872名中学生进行调查，结果有三分之一的学生对这个问题的回答是"最害怕被人背后议论"。心理学家认为，造成这一现象的原因是，中学时期是人情感最强烈也最敏感的时期。一方面，随着年龄的增长、知识的增加、活动范围的扩大，青少年的独立意识和自尊要求明显加强；另一方面，青少年还欠缺社会经验，思想也不够成熟，对事物包括对别人议论的评价能力还很低。这也是背后议论给青少年带来更大伤害的主要原因。

我是社交高手

面对他人的背后议论，我们应采取正确的应对方式，而非陷入错误的做法中。有些人心里恼火，耿耿于怀，自己生闷气，结果"气大伤身"，损害了自己的身心健康；有些人暗中调查或者盯梢，费心劳神却无济于事，白白浪费时间和精力；还有些人在大庭广众之下骂骂咧咧，不仅有损自我形象，还会被人嘲笑，得不偿失；更有甚者想方设法寻机报复，以怨报怨，甚至触犯法律，最终害人害己。这些做法都不利于问题的解决，反而会对自己造成更大的伤害。

那么，我们该如何以合适的方法应对他人的背后议论呢？下面我们一起来寻找答案。

首先，要正确看待议论。

人活一世，难免被人说，被人议论是一件很普遍的事情，每天都在发生。我们生活在群体中，与群体相互联系，被人议论也是一种互动。所以，不能一概认为被人背后议论都是坏事，有的议论是对我们的赞赏和积极评价，我们自然高兴；而有的议论对我们不利，我们也不必耿耿于怀，被其左右。中学生往往容易高估周围人对自己的关注程度，受"焦点效应"的困扰，认为周围大多数人都在关注自己，从而对别人的议论过于敏感。其实，也许同学有时候并不是在议论你，只是你自己的猜测而已。

其次，要反思被议论的事情是否属实。

当知道自己被别人议论时，我们要冷静思考别人的话是否有道理。很多时候，同一件事情在不同人眼中可能有不同的看法。在这种情况下，我们可以坦诚地征询老师、家长、同学的意见，让他们帮我们分析。毕竟"金无足赤，人无完人"，如果自己确实有做得不周全的地方，就应该考虑如何改正缺点，避免类似问题再次发生。

再次，要真诚坦荡，光明磊落。

要有"不做亏心事，不怕鬼敲门"的坦然心态。对于无中生有的议论，不必生气，也不必急切地解释、对质。有时候"沉默是金"，走自己的路，让别人去说吧。

最后，对于恶意的议论要勇于斗争，维护自身的利益。

我们不能让恶意的议论肆意传播。如果只是两三个人在背后议论，随口说说，我们可以不必理会；但如果背后议论的人故意扩大影响，给我们造成很大压力，我们就应该勇敢地站出来，及时寻求老师、家长和同学的帮助。要理直气壮地把事实真相告诉其他同学，让大家了解真相，同时要让背后议论的人认识到自己不负责任的言论对他人造成的伤害。

总之，面对他人的背后议论，我们要保持冷静，正确应对，以积极的心态和恰当的方法解决问题，不让这些议论影响我们的生活和成长。

超实用 TIPS

在流言蜚语的风暴中，保持淡定方能坚守自我，以下方法说不定对你有帮助。

1. 专注自己的目标。

不要让他人的议论分散你的注意力，要专注于自己的学习、生活目标，努力提升自己。

2. 提升沟通能力。

如果可能的话，尝试与议论你的人进行沟通，以平和的方式表达自己的想法和感受，也许可以化解误会。

3. 培养宽容心态。

学会宽容他人的错误和误解，不要过于计较别人的议论，这样可以让自己的心情更加舒畅。

4. 用行动证明自己。

　　用实际行动来证明自己的能力和价值，让别人看到你的努力和成就，从而改变他们的看法。

第五章

破解社交困惑,迈向成功

社交高手养成记

友情与爱情，
界限在哪里

一分钟故事

诗诗最近陷入了困扰，她的生活和学习都受到了不小的影响。

初三上学期，班里转来一位优秀的男生，成了诗诗的同桌。性格开朗的诗诗经常和他一起聊天、讨论功课，两人很快成为好朋友。然而，随着他们的交往，班里开始流传出他们在谈恋爱的谣言。

诗诗感到非常无奈，她深知自己和男生之间只是纯粹的友谊，可这些谣言让他们的关系变得尴尬。老师找他们谈话，同学也在背后指指点点，渐渐地，男生开始疏远诗诗，他们不再像以前那样亲密无间。

诗诗很珍惜这段友谊，她不想就这样失去一个好朋友。她试图挽回，却不知道该如何着手。因为这件事，她的情绪一直很低落，学习成绩也有所下滑。同学却认为这是她早恋的结果，没有人愿意相信她的解释。

诗诗感到很困惑，难道在这个时代，男女同学之间就不能有真正的友谊吗？

专家有话说

为什么青春期总有误会？

青春期是人生中一个充满变化和挑战的阶段，在这一阶段，异性交往容易引发误会，这背后有着多方面的原因。

从生理和心理的变化来看，青春期是生长发育的高峰期，第二性征逐渐显现。青少年开始对自己的形象格外关注，会在意自己的穿着打扮是否得体，发型是否好看。同时，自我意识和性别意识也在增强，对异性产生了好奇和兴趣。这种变化使得男女同学之间的界限变得更加清晰，交往也变得敏感起来。青少年开始有了接近异性的愿望，对异性的评头论足也多了起来。一旦有较为频繁的异性交往，就很容易被误解为早恋。

再从特定年龄阶段的情感特点来看，青少年对情感充满了好奇，尤其是爱情。但他们对爱情的认识还很朦胧，常常是一种说不清、道不明的感觉。他们的情感容易冲动，凭自己的感觉行事，感情用事的时候比较多。而且，这种情感还具有盲目性，只凭感觉盲目地看待感情，缺乏成熟的思考和经验，所以常有人误把友情当爱情，对自己和别人的情感充满了好奇与关注，也容易拿别人的交往来议论。

此外，对异性交往认识不足也是导致误会的一个重要原因。很多人存在着认识上的局限，认为异性交往就等于早恋。家长和老师常常教育青少年不要早恋，这种观念在他们心中扎根，使得他们把异性交往与早恋画上等号。这样一来，青少年在异性交往时就会变得敏感多疑，稍有风吹草动就容易产生误会。

总之，青春期的少年在异性交往中容易出现误会，是由多种因素共同作用的结果，我们应该理性看待这些变化，树立正确的异性交往观念。

我是社交高手

男女同学之间有真正的友谊，但这种友谊需要我们以正确的方式来维持。

1. 正确认识异性交往。

我们应该认识到，异性交往是人际关系的重要组成部分，人生在世免不了与各种人打交道，无论在哪一个时期，异性交往都是有必要的。异性交往不应成为困扰我们的问题，它对我们是有利的，是需要我们去发展的。良好的异性交往有利于个性上互相丰富，有利于活动中互相激励，在学习上也可以取长补短等。异性交往并不等于早恋，男女同学之间的友谊并不等于爱情，异性之间存在着真正的友谊。

2. 不必过分拘谨，自然交往。

在与异性交往中，要注意消除异性间交往的不自然感。交往时要淡化性别意识，该说的说，该做的做，需要握手就握手，需要并肩就并肩。在异性交往中，男女同学都应该活泼开朗、自然大方，不要躲躲藏藏。

如果谣言传来，友谊遭到质疑，而自己又问心无愧，那就不要退缩，你的退缩、逃避，也许在别人眼中就是间接承认，这反而证实了谣言，当你退缩了，不仅要失去一个好朋友，还会让谣言成真。

面对被质疑的友谊，我们最应该做的是调整自己的心态，认清自己的友谊，如果真的想挽回，那么就要勇敢大方地继续交往，与对方说清楚，并在交往过程中注意自己是否有让人误会的行为举止。

3. 不应过分随便。

男女同学在交往中应该适当保持距离、把握尺度。真正的友谊并不需要通过什么亲密的举动来维持。交往中把握正确的社交距离，是我们消灭谣言的有力帮手。

4. 集体交往。

尽量避免与个别朋友的密切交往。团体交往可以吸取多个异性的优点，缓解初次与异性交往的羞涩与困窘。男女交往中不搞一对一的频繁接触，不交单一固定的异性伙伴。把有魅力的异性当作一道动人的风景来欣赏，桂林山水甲天下，你总不能把它搬到家中独自欣赏，独自占有吧！

总之，异性交往，要自尊自重，互助关心，不要过于亲密、暧昧，尤其要注意广泛交往，不要个别深交，要关心集体，使每个同学都感到集体这个大家庭的温暖。

男同学要帮助、爱护、尊重女同学，承担更多的社会责任，女同学要学会体谅他人、端庄、稳重、处事有分寸。

超实用 TIPS

这是一些区分友情和爱情的具体方法,希望可以对你有帮助。

1. 占有欲。

爱情中往往会有较强的占有欲,希望对方只属于自己;而友情中对朋友的占有欲相对较弱,能够接受朋友有其他的社交圈子。

2. 身体接触。

爱情中可能会有更多的亲密身体接触,如拥抱、亲吻等;而友情中的身体接触通常较为自然和适度,不会有过于亲密的举动。

3. 关注度。

在爱情中会更加关注对方的一举一动,对对方的生活细节和情感状态非常关心;而友情中的关注则相对较为宽泛,不会过于细腻和专注。

4. 心动感觉。

爱情往往会带来心动、紧张等特殊的感觉,看到对方时会有心跳加速的反应;而友情则更多的是一种舒适和安心的感觉。

社交高手养成记

内向？害羞？
其实你只是不自信

一分钟故事

小明是一名初三的学生，他性格非常内向，平时总是沉默寡言，见到陌生人就会脸红，更不敢在公开场合表达自己的想法。每当老师提问时，他总是低头躲避老师的目光，生怕被点名回答问题。如果被点到，他就紧张得结结巴巴，无法清晰地表达自己的观点。

在一次班级活动中，每个小组都需要派代表发言。小明所在的小组同学都认为他的想法很有创意，希望他能代表小组发言。小明内心十分纠结，他既想为小组出力，又害怕在众人面前发言。最终，他鼓起勇气站了起来。但当他走到讲台前，看到同学的目光时，大脑瞬间一片空白，原本准备好的话一句也说不出来。

第五章 破解社交困惑，迈向成功

> 他尴尬地站在那里，满脸通红，最后只能匆匆下台。
>
> 回到家后，小明感到非常沮丧。他打开社交媒体，发现同学都在分享自己的生活和快乐时光，他却因为内向和害羞，错过了很多与同学交流和互动的机会。他意识到，这样的性格不仅让他自己感到孤独和苦恼，也影响了他的学习和生活。

专家有话说

你为什么会害羞？

上述例子听上去似乎有些极端，但事实上，在我们身边，被害羞的无形锁链困在原处、不能与他人很好交往的人为数不少。统计结果表明，40%的美国人认为自己有怕羞的特点。其实，害羞是一种常见的心理障碍。很多人觉得自己害羞是天生的，但心理学专家指出，害羞往往源于不正确的自我暗示和过于敏感的神经系统。害羞的人总觉得"别人都在看我""我肯定说不好"，这种想法就像一面无形的墙，阻碍了我们自信地与他人交流。久而久之，这种负面的自我防御机制会愈发强化，害羞变成了一种习惯。

青春期的同学尤其容易受害羞心理的困扰。在这个阶段，大家开始关心别人怎么看自己，害怕自己一举一动不合时宜。于是，这些人在与陌生人接触时，常常不知所措；在与人交谈时，容易心慌意乱；在公众场合，更是说话结巴，难以清晰表达。这些都是典型的害羞表现。

害羞的背后，其实有很多原因。自卑是其中之一，害羞的人总是"看自己不顺眼"，拿自己的短处和别人的长处比，越比越觉得自己不行。此外，一些同学因为过于敏感，总是担心别人对自己的评价，稍有风吹草动，就会觉得自己做错了。还有人因为小时候父母或老师管得太严，久而久之，他们就不敢在公众面前表现自己。更有一些人，明明能力不错，但总在关键时刻患得患失，害怕失败，结果反而影响了正常发挥。

归根结底，害羞的原因可以归纳为缺乏自信、认知上的偏差、过分追求完美和对安全感的执念。所谓"脸皮薄，福气少"，害羞不仅让我们失去了与他人互动的机会，也限制了个人成长的空间。如果我们能够认清这些问题，并积极调整心态，害羞就不过是一阵风，吹过去就好了。

我是社交高手

　　克服害羞的训练可采用循序渐进的方式，先在自己熟悉的环境中锻炼与人交往，然后逐步增加情境的陌生性与难度。关键是要循序渐进，从心态调整到实际行动，一步步走出舒适圈。以下几个方法可以帮你更轻松地战胜害羞。

1. 接纳害羞：正视自己的情绪。

　　接受自己会害羞的事实。害羞其实是一种正常的心理现象，谁都有不自信的时候。不要总想着摆脱它，越是抗拒，反而越紧张。与其迫使自己勇敢，不如带着一点点害羞去行动，越是放松自己，反而越能在社交中自然发挥。正所谓"随它去，任它来"，让害羞成为你成长的一部分，而不是你的绊脚石。

2. 多争取锻炼机会：大胆迈出第一步。

　　所谓"实践出真知"，要克服害羞，最有效的方法就是多练习，哪怕一开始有些磕磕绊绊。你可以从自己熟悉的环境开始锻炼，如和关系好的同学、朋友多交流，再逐步挑战一些陌生的场合。与其躲在角落里，不如主动走出去，参加集体活动，和外向的人做朋友。俗话说"近朱者赤"，和那些自信的人相处，慢慢你也会受到他们的影响，变得更加自如。

3. 增强自信：多看到自己的优点。

害羞的根源之一是自卑，总觉得自己不如别人。但正如老话所说，"尺有所短，寸有所长"，每个人都有独特的优点。试着多发现自己的优点，并通过实际行动去展示这些优点。在社交中，给自己设定一些小目标，如在公共场合发言、主动和新朋友聊天。完成每一个小目标，都是增强自信的台阶。只要坚持，你会发现自己越来越从容。

4. 减少对他人看法的过度在意：别被评价绑架。

总是想着"别人怎么看我"，只会让自己越来越拘谨。事实上，大多数人并没有那么多时间去评价你。要学会放下对外界评价的过度关注，做最真实的自己。记住，"你永远无法取悦所有人"，所以不如活得轻松自在些。放下那些无谓的顾虑，社交场合反而会变得更加轻松有趣。

超实用 TIPS

为了更好地克服害羞心理，这里提供一些简便易行的小技巧。每一条都能在日常生活中实践，让我们逐步建立自信，摆脱紧张与不安。

第五章 破解社交困惑，迈向成功

1. 练习放松。

当你感到紧张或不安时，试试做一些简单的放松练习。比如，将两脚平稳地站立，轻轻抬起脚跟，保持几秒钟再放下，反复做30次，每天做2～3组，这可以有效缓解焦虑，通过身体的放松让心理跟着平静下来。

2. 深呼吸调节情绪。

害羞时，我们往往呼吸急促，容易加剧紧张感。试着做几次深长而有节奏的呼吸，帮助自己冷静下来，重新掌控情绪。"深呼吸一口气，凡事不着急"，这不仅是应对紧张的良方，也有助于增强自信。

3. 手握小物品增加安全感。

当你在社交场合感到不安时，可以握住一件小物品，如一本书或一块手帕。握着这些物品能给你带来额外的安全感，让你减少焦虑，感觉更踏实。

4. 大胆直视对方。

在与人交流时，不妨大胆地看着对方的眼睛，这不仅体现了自信，也会增强你与他人的联结。虽然开始时可能会觉得尴尬，但请记住，"眼睛是心灵的窗户"，勇敢直视别人的眼睛有助于建立信任感。

社交高手养成记

虚拟世界也有社交

一分钟故事

故事一

最近，小磊的状态让大家十分困惑。他时而兴高采烈，时而又垂头丧气，就像变了个人似的。在这次的单元测验中，一向成绩优异的他居然有好几门功课都不及格，这让大家都感到非常惊讶。经过细心观察，同学发现小磊是陷入了"网恋"。他的"女友"是在社交软件上认识的"嫣然一笑"，两人身处不同的城市。

小磊性格内向，不善于与人交际，朋友寥寥无几。一次偶然的机会，他听同学说在网上可以结识很多有趣的人，于是便开始网络聊天并逐渐沉迷。不久后，

第五章 破解社交困惑，迈向成功

他与"嫣然一笑"陷入了热恋，他们在网上频繁互动，送虚拟礼物、表达爱意。如今，小磊每天都盼着下课，一心只想赶紧与"女友"在网上约会，完全忽略了学习，沉浸在虚拟的恋爱世界中无法自拔。

故事二

小然最近遇到了一件烦心事。他在网上认识了一个网友，两人虽然相识时间不长，但聊得还算投机。他们不仅在网上交流，还会偶尔见面，一起运动、吃饭。然而，前几天，这个网友向小然提出了一个请求，让他陷入了两难的境地。

网友说自己想参加一个网球培训班，需要1000元学费，但父母只给了他600元，所以想向小然借400元。小然内心十分矛盾，他觉得自己和网友还不够熟悉，对对方的人品也不太了解，担心借出去的钱无法收回。可是，如果不借，他又觉得不好意思拒绝，怕伤害彼此的感情。小然陷入了深深的困扰，不知道该如何选择。

社交高手养成记

专家有话说

在网络世界中要保持警觉

网络交往已经是现代社交中的重要方式，网络也成为青少年生活中不可或缺的一部分。网络的优势显而易见，它打破了时间和空间的桎梏，让人们能够随时随地与他人沟通，结识更多志同道合的朋友。对于性格内向、不善于面对面交际的青少年来说，网络更像是一扇敞开的窗，透过这扇窗，他们可以自由地表达自我，展示个性，这在现实生活中往往难以实现。

在网络世界里，每个人都可以选择不同的身份，张扬不同的个性。对于许多人而言，网络是释放情感的避风港，他们可以毫无顾忌地交流，突破现实中的限制，甚至找到内心的慰藉。通过网络，青少年有了更多机会结识来自不同地域、具有不同背景的人，扩展了人际交往的边界。这种跨越地域和文化的交往模式，为青少年的视野开辟了新的天地。

"水能载舟，亦能覆舟。"网络交往虽然便利，却也暗藏危机。它的虚拟性和匿名性让人们隐藏在屏幕后，显得神秘莫测。这种"只见其名，不见其人"的社交方式，在让人们畅所欲言的同时，也让信任的基础变得薄弱，陷阱和欺骗随时可能发生。许多青少年因为轻信网络上的虚假信息而受骗，甚至因此深陷感情漩涡，难以自拔。

久居兰室不闻其香，久处网络不觉其害。过度依赖网络不仅让人逐渐与现实生活脱节，还可能导致"网络孤独症"——表面上朋友众多，实则内心孤独冷漠。长期沉迷网络会让人忽略现实生活，疏远身边的亲友，减少面对面的交流，逐渐削弱社交能力。也会造成一些人沉迷于点击、刷新网络页面，忘记了专注思考和解决问题，最终变得懒于动脑，甚至回避现实中的难题。

网络是一个巨大的虚拟世界，但终究与现实有着本质的不同。它可以提供一时的慰藉，但不能成为逃避现实的长久之计。青少年正处于身心发展的关键时期，网络的虚拟快感和瞬时满足很容易让我们迷失方向。只有时刻保持清醒，懂得适时抽身，才能真正驾驭好这把"双刃剑"，而不是让自己成为它的俘虏。

在网络世界中，我们更要保持警觉，懂得辨别真伪，切莫让一时的虚幻取代现实。网络交往的确可以让生活变得丰富多彩，但唯有清醒地看待其背后的隐忧，才能真正享受到网络带来的益处而不被其伤害。

我是社交高手

网络在给人带来新鲜刺激的同时，也让每一个人蒙上了面纱，

社交高手养成记

一个虚拟的网名背后，隐藏着许许多多的秘密。于是一些人利用中学生的天真，使用不同的身份游戏于网络之间，欺骗、玩弄青少年纯真的感情，甚至进行一些犯罪活动。在网络成为一种重要工具的当代社会，用禁止使用网络来杜绝网络亲密关系的发展是因噎废食，并不可取。只有认识到网络的两面性，在使用过程中保持清醒和警惕，才是正确的方式。下面，我们从三个方面为大家提供一些实用的应对策略，帮助你玩转网络。

1. 提高警惕与辨别力。

俗话说："知人知面不知心。"在网络上更是如此，面对屏幕对面的陌生人，别被虚拟的身份和美好的外表所迷惑。网络交往虽然方便，但毕竟无法看见对方的真实面貌和行为。因此，每个青少年在与网友互动时，都需要保持高度的警惕。

谨慎分享个人信息：不要轻易在网上公开自己的姓名、住址、电话等隐私信息。特别是对于初次接触的网友，保持适当的距离是明智的选择。

不轻易答应见面请求：线下见面往往充满了不可控因素，如果没有足够的了解和安全保障，最好不要轻易答应网友见面的要求。正所谓"防人之心不可无"，谨慎是保护自己的第一步。

2. 提升安全防范意识。

网络社交的虚拟性和匿名性，使得各种不法分子容易伺机而动。要在网络世界中立足，光有热情远远不够，还需要一双"火眼金睛"，必须时刻警惕那些潜在的陷阱。

不要详细填写个人资料：不要随便在社交平台上填写真实的个人信息，如姓名、住址、学校等。资料真实、详细可能会给不法分子可乘之机。

保护账户安全：不要随便把账号密码告诉他人，即便是朋友也不可轻信。网络交易涉及的银行交易信息尤其敏感，切记不要透露。

拒绝不明链接和可疑邮件：任何陌生邮件或突然弹出的链接都可能暗藏病毒或钓鱼软件，谨记不点击来路不明的链接，及时更新杀毒软件来保障设备安全。保持防范之心，才能有效防止网络诈骗和侵害。

3. 勇敢直面现实中的问题。

生活中的困难和挫折是无法避免的。逃避现实只能让问题越积越多，最终形成更大的压力。网络虽然能够带来短暂的精神慰藉，但它无法解决现实中的根本问题。我们应学会勇敢面对生活中的挑战，找到真正解决问题的办法。

社交高手养成记

培养面对困难的能力：在遇到问题时，不要立刻逃入网络寻求虚幻的安慰。相反，应尝试找到问题的根源，寻求现实中的帮助。面对困难时，多与父母、老师或朋友沟通，得到的帮助往往更直接有效。

合理分配上网时间：网络社交可以丰富生活，但它不能占据生活的全部。凡事过犹不及，要学会合理安排上网时间，不让网络影响学业、生活和健康。保持适度的网络使用，才能在虚拟世界和现实生活之间找到平衡。

超实用 TIPS

想安全地网上冲浪？那就做到以下几点。

1. **设置社交平台隐私权限。**

在使用社交平台时，务必将隐私设置为"仅限朋友"或"仅限自己可见"。避免公开显示个人信息，如生日、联系方式、居住地等。

2. **不在公共 Wi-Fi 下输入敏感信息。**

使用公共 Wi-Fi 时，不要输入银行账户、信用卡信息，尽量避免登录重要账户，以防止信息被黑客盗取。

3. 警惕"钓鱼"信息。

  不要轻易点击陌生人发来的链接或下载未知附件。这些链接可能含有恶意软件，或者将你引导到伪装的"钓鱼"网站，获取你的个人信息。

4. 保持怀疑心态。

  对于陌生网友提出的金钱请求，保持高度怀疑，不要轻易借钱或进行金钱交易。可以与家人或朋友讨论，听取他们的意见。

社交高手养成记

误会连连？
都是因为没说明白

一分钟故事

故事一

一天，阿明发现自己心爱的无线耳机不见了，心里非常着急。他看到同桌小杰戴着和他同款的耳机，心里立刻猜测小杰是不是拿了他的耳机。阿明忍不住质问小杰："你是不是用了我的耳机？"小杰听了一脸懵，表示耳机是自己的，但阿明不相信，两个人吵了起来，气氛顿时尴尬。后来班主任帮忙调解，但误会并没有消除，两个人一直冷战。几天后，阿明在自己书包的夹层里发现了那副"失踪"的耳机，这时他才意识到是自己弄错了。

第五章 破解社交困惑，迈向成功

故事二

小丽的宿舍共住了四名女孩子，刚开始，这是一个关系融洽的小集体。一段时间以后，大家发现小丽平时生活上不拘小节，不懂得合理安排生活，花钱没有计划，常常是月初出手大方，买这个吃买那个玩，到月底钱不够了便向同学借，而且经常借了不还。同宿舍的其他三人还发现自己的物品经常丢失。有人放在抽屉里的零食不翼而飞了，有人从家里带来的mp3不见了。又有一次，一个同学发现自己放在枕头下的钱少了很多，大家都怀疑是小丽偷的，于是在宿舍里互相进行"搜查"。"搜查"过程中，大家发现小丽的个人物品比较多，有些东西和同学的很像，当场便对她进行质问。小丽感到这次"搜查"完全是针对她一个人的，心情十分沉重，情绪极度郁闷，痛苦得无法自拔。

专家有话说

误会往往来自主观臆测

在生活中，误会往往来自我们对他人行为的主观臆测。当我们过于相信自己的感觉时，就容易把自己的情感强加于别人身上，认为对方有意冒犯或忽视自己。眼见不一定为实，心里的假设才是真误会的根源。许多时候，我们只是缺少了一句解释，误会也就由此产生。

此外，社会中的传统偏见常常会让我们对某些人的友好行为产生怀疑。别人的言语和偏见有时能轻易左右我们的判断。比如，当我们看到某人做了一件好事，可能第一反应不是感激，而是猜测他背后有"别的意图"。这其实是社会偏见在作祟，让原本单纯的行为变得复杂。

刻板印象也是误会的常见来源。有些人被长期贴上某种标签，当他们偶尔做出与常规形象不符的行为时，别人往往感到不可信，甚至产生怀疑。但事实上，每个人都会有改变和成长的时候，单凭过去的印象去判断别人，反而会导致误解。

成见和敌意也是误会的助燃剂。如果我们对某个人有成见，不管对方做什么，都会被我们戴上有色眼镜看待，甚至觉得他的好意是别有用心。在这样的情况下，误会是不可避免的。当我们用敌视的眼光看待别人时，一切都容易被误读。

误会往往并不复杂，但如果不及时化解，可能会引发更深的矛盾。与其让小小的误解逐渐演变成大问题，不如从一开始就学会理解别人，多一些包容和沟通，少一些猜忌和成见。理解别人是化解误会的钥匙，而真诚沟通是打开心门的桥梁。

我是社交高手

误会给我们带来痛苦，带来烦恼，带来难堪，甚至会造成始料不及的悲剧，所以陷入误会的圈子后，我们必须调整自己，采取有效的方式消除误会，使自己与他人都尽快地轻松、舒畅起来。

1. 要保持冷静，消除自我委屈情绪。

被人误解的时候，心情难免会浪苦闷、浪焦急，此刻最需要的是冷静。千万不能耿耿于怀，想着报复，或者心中怀有委屈情绪不愿意开口向对方做解释。只要你多替对方着想，真诚地向对方表达心迹，误会便会消除。比如，你同朋友争论一个问题，当时有许多人在场，你本无意压他一头让他当众出丑，但一时不能自制，说了许多过头的话，伤了朋友的自尊，使他误以为你为了出风头给他难堪，让他下不了台。

事后，你真诚地向朋友道歉，这样才能保持友谊，而不要怪罪对方小心眼进而断绝来往。否则，你们就会因一次争论而关系破裂，由朋友变成冤家。

2. 主动沟通，真诚对待。

当误会发生时，很多同学总希望别人能主动一些，自己顺势而为就行了。其实，这是一种消极的态度。同学之间关系是平等的，交往沟通谁都可以主动，没有谁先谁后、谁主谁次的问题。尤其是在被人误会之后，你更应该主动去沟通，向对方说明情况、解释原因，不管你性格是外向还是内向，喜不喜欢与人交往，你必须掌握沟通的主动权。误会加深了，也不应该把被别人误解的烦恼闷在心里，更应该主动地与对方沟通以消除误会。当然，在沟通时态度一定要真诚，消除误解，贵在真诚。不能把诉说自己所受的委屈作为沟通的前提条件，否则不仅不能消除误会，反而会破坏同学之间的深厚情谊。

3. 坦然面对，宽宏大度。

俗语说："为人不做亏心事，半夜敲门心不惊。"发生误会后，你不妨坦然置之，即进行所谓的"冷处理"，该怎么学习就怎么学习，不要因为同学的指指点点、说三道四而影响自己正常的学习和生活，使自己的情绪异于平常，让同学更加怀疑自己，产生更大的误会。因为有些误会本来就是小事一桩，时间久了，大家自然会忘记。但有些误会，若不及时加以解释、说明，不仅会陷自己于尴尬的境地，还会影响同学之间的友情、团结，甚至会对自己的身心健康带来不利的影响。

4. 寻求他人帮助。

如果通过我们自己的努力仍然无法消除误会，那我们不妨找"外援"——自己的知心朋友、老师或者家长谈一谈，听听他们的意见和看法，冷静分析并合理采纳他们提出的建议。

5. 学会理解别人。

我们希望被人理解，但最重要的是，理解是相互的，我们应该先学会理解别人。

我们要保持对事物的客观态度，就要从多方面了解事物的真相，才能避免因主观臆断而误解别人。同时，当我们被别人误解的时候，也应该做出努力去消除误解。记住，良好的沟通是消除误解的金钥匙。

超实用 TIPS

被别人误解后，看看下面这五条，你的烦恼会少很多哦！

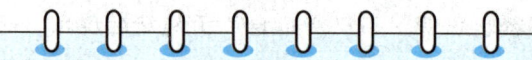

1. 抛开被误解的事情，我们更应该关注对方的情绪和态度，这些信息细节会透露出对方的真正想法。

2. 我们要时刻感恩。出现误解的情况，无论事情原委对错，某些角度说明肯定有我们自己的原因在里面。我们要感谢有可以反思提高的机会，以此获得自我成长。

3. 你不能指望世界上的每个人都真正了解你。

4. 也许这个误解，是别人故意说出来让你烦恼的，那说明你有让他嫉妒的地方或者你影响到了他的利益。

5. 如果自己是正确的，就不必在乎别人对你的评价，坚持自己坚持的；在不违反原则的情况下，不做有损他人利益的事情，如果是合作，就努力达到共赢。路遥知马力，日久见人心。

嫉妒心少一点，
快乐多一点

一分钟故事

小美和小雅是大学同学，也是无话不谈的好闺蜜。她们都热衷于社交媒体，喜欢分享自己的生活点滴。最近，小雅在社交媒体上的粉丝数量增长迅速，还收到了不少品牌的合作邀约，这让小美心里有些不是滋味。

先是小雅发布的一条美食视频获得了大量点赞和评论，而小美精心拍摄的旅行照片却反响平平。接着，小雅被邀请参加一个热门的线上活动，获得了更多的曝光机会，而小美却没有这样的机遇。小美觉得自己和小雅一直以来都差不多，为什么现在小雅却能如此顺利地获得关注和机会，这让她既嫉妒又困惑。

社交高手养成记

　　小美渐渐地对小雅产生了隔阂，她不再像以前那样积极地与小雅互动，甚至在心里暗暗希望小雅能遇到一些挫折。然而，这种心态并没有让小美感到快乐，反而让她陷入了焦虑和不安之中。小美不知道该如何面对自己的嫉妒情绪，她担心这份嫉妒会毁掉她和小雅的友谊。

专家有话说

嫉妒心理害处多

　　不难发现，小美是因为嫉妒小雅才有诸多烦恼。嫉妒，就像一条潜藏在心底的毒蛇，它会在不经意间吞噬我们的心灵，让我们陷入痛苦的深渊。当我们看到别人比自己优秀时，嫉妒心理便可能悄然滋生。这种心理通常在我们觉得自己不如别人，产生失落感时出现，而且我们往往会嫉妒那些与自己条件相似，却超过自己的人。

嫉妒心理的危害不容小觑，既伤害自己，也伤害别人。在人际关系方面，它是一颗毒瘤，会破坏人与人之间已建立的理解、信任和友爱关系，播下不信任、怨恨和仇视的种子，严重妨碍和破坏人际关系的正常交往。嫉妒心会让我们变得狭隘，无法欣赏他人的优点，从而导致人际关系的恶化。

此外，嫉妒还容易使人患心身疾病。心身医学研究表明，心理与生理息息相关。嫉妒心强烈的人更容易患上冠心病等疾病，死亡率也较高；而心态平和、嫉妒心较少的人，患病的概率和死亡率则明显降低。嫉妒就像一种慢性毒药，慢慢地侵蚀着我们的身心健康。

最后，嫉妒会成为我们实现目标的绊脚石。嫉妒心强的人因为人际关系差、易患心身疾病以及容易情绪不稳定等原因，使得自己在工作与生活中很难得到他人真诚的帮助，甚至会招来他人的憎恨与阻碍，因此，往往很难适应周围的环境，难以达成自己的目标。

社交高手养成记

我是社交高手

嫉妒心理并不是洪水猛兽，只要找到合理的办法，我们就能克服它。现在就让我们一起来学习一些对付嫉妒的妙招吧！

第一招：正确看待自己和别人的差距，相信自己。

世界上没有十全十美的人，每个人都有自己的长处和短处。"梅花优于香，桃花优于色"，我们不必处处与别人比较，更不必因为别人优秀就嫉妒别人，要相信自己也有独特的闪光点。只要我们能正确评价自己，正确看待自己和别人的差异，扬长避短，充分开发自己的潜能，就能绽放属于自己的光彩。

第二招：要有广阔的胸怀，学会欣赏别人。

"海纳百川，有容乃大"，我们应该拥有像大海一样宽广的胸怀。就像李斯特对肖邦的无私帮助和真诚欣赏，不仅没有影响他自己的地位，还赢得了更多的尊敬。我们要用健康的心态和欣赏的眼光去看待他人的优点，真诚地为别人的长处鼓掌喝彩。"虚心竹有低头叶，傲骨梅无仰面花"，当我们学会欣赏别人时，嫉妒之心自然就会消散。

第三招：充实自己的生活。

"闲则生非"，如果我们让自己的生活变得充实而忙碌，就不会有时间和精力去嫉妒别人。我们可以全身心地投入工作、学习和兴趣爱好中，让自己不断进步和成长。当我们专注于提升自己时，就会发现自己的世界变得更加广阔，嫉妒也会随之远去。

第四招：合理宣泄，给嫉妒之心留一个出口。

如果不幸被嫉妒的情绪困扰，也不必过于担心，我们可以通过合理的宣泄来排解。"当局者迷，旁观者清"，我们可以向值得信赖的老师、亲人、同学或朋友倾诉心中的苦闷，让他们帮我们理清思绪。也可以通过一些适当的方式来释放内心的负面情绪，如撕报纸、高声呐喊或者来一场枕头大战，将心中的郁闷发泄出来。此外，我们还可以借助各种业余爱好和体育活动来疏导和宣泄，如唱歌、跑步、打球等，让自己的心情重新变得愉悦。

超实用 TIPS

如何避免滋长嫉妒心呢？可以参考以下几点。

1. 专注自身成长。

将注意力集中在自己的成长和进步上，制订个人目标，并努力实现它们。通过不断提升自己，你会更关注自己的发展，而减少对他人的嫉妒。

2. 学会感恩。

珍惜自己所拥有的，感恩生活中的美好事物。当你心怀感恩时，会更容易看到自己的幸福，而不是盲目嫉妒别人。

3. 培养兴趣爱好。

投入自己的兴趣爱好中，能够丰富你的生活，带给你快乐和满足感。这样可以分散对他人的关注，减少嫉妒的情绪。

4. 改变思维方式。

尝试从积极的角度看待他人的成功，并视为一种激励和学习的机会。别人的成功并不意味着你的失败，可以启发你努力追求自己的目标。

第五章 破解社交困惑，迈向成功

朋友间的"安全距离"

一分钟故事

　　圆圆和妞妞是好闺蜜，她们无话不谈，经常一起逛街、吃饭、拍照打卡，在社交媒体上分享彼此的生活点滴。她们觉得这样的友谊亲密无间，非常美好。

　　然而，最近圆圆遇到了一些烦恼。妞妞总是随时随地给她发消息，分享自己的每一个想法和情绪，圆圆觉得自己几乎没有了私人空间。有时候，圆圆正在忙自己的事情，妞妞的消息会让她分心，但她又不好意思不回复，怕妞妞不高兴。

　　还有一次，妞妞想参加一个派对，非要圆圆陪她一起去。圆圆其实不太想去，因为她那天有其他安排，

社交高手养成记

但又不忍心拒绝妞妞,只好勉强答应。结果,圆圆在派对上玩得并不开心,还耽误了自己的事情。

圆圆开始思考她和妞妞的关系,她觉得这样的友谊虽然亲密,但有时候也让她感到疲惫。她不知道该如何跟妞妞说,担心会伤害她们的感情。她在网上看到很多关于人际关系中需要保持适当距离的文章,觉得很有道理,但又不知道该如何在自己的友谊中实践。

圆圆陷入了困惑,她不知道这段友谊该如何继续,是应该继续保持这样的亲密关系,还是应该尝试与妞妞保持一定距离,给彼此更多的空间。她希望能找到一个合适的方式,让她们的友谊更加健康和长久。

人际关系中的刺猬法则

你是不是也有一个像妞妞一样"亲密无间"的朋友呢？相信很多同学会很理解圆圆的这种困惑，可能很多朋友之间都会有这样的担心：彼此是否要做到完全毫无保留？自己的个人空间该如何得到保证？在人们的友谊中，常常存在一些问题，这些问题可能会影响友谊的质量和持久性。

首先，没有个人空间是一个常见的问题。有些人在友谊中过于亲密，几乎没有了自己的个人空间。"每个人都是一座孤岛。"我们都需要有自己的时间和空间来思考、成长和放松。如果友谊中没有了个人空间，就会让人感到压抑和束缚，失去自我。

其次，难于拒绝也是一个不容忽视的问题。在友谊中，当朋友提出请求时，我们常常碍于情面难以拒绝。然而，这样的做法可能会让自己陷入困境，无法满足自己的需求。我们应该学会在适当的时候说"不"，以保护自己的利益和需求。

最后，碍于情面还会导致人们在友谊中不敢表达自己的真实想法和感受，从而积累矛盾和不满。有时候，我们害怕伤害朋友的感情或者担心破坏友谊，所以选择保持沉默。这样的做法往往会产生越来越深的隔阂。

这些问题的出现，是因为人们在友谊中过于亲密，没有把握好适当的距离。这就引出了刺猬法则（心理距离效应）。什么是刺猬法则？刺猬在寒冷的冬天相互取暖时，如果靠得太近，就会刺痛对方；如果离得太远，又无法保暖。同样的道理，在人际关系中，过于亲密的距离会导致矛盾和冲突的产生，因为每个人都有自己的个性、需求和想法，过于紧密的接触会让这些差异凸显出来，从而引发矛盾。

因此，我们需要在友谊中找到一个合适的距离，既能相互关心和支持，又能尊重彼此的个性和空间。这样的友谊才能更加健康、长久。

我是社交高手

从上面的故事可见，过于亲密的人际关系反而会经常发生摩擦和矛盾，反倒不如初次交往容易。按理说应该是交往得越深，就越容易相处，人际关系也越好，可事实上并非如此。原因何在？这其实可用心理学上的刺猬法则，也叫心理距离效应来解释。

人们在交往中，要像刺猬一样寻找到一个合适的距离，这不仅是爱的艺术，也是生存的艺术。把爱和理性放在一个平衡的位置上，既互相关爱又彼此尊重，让感情升华成完美的人性。在这里我们有一些建议。

首先，把握分寸，坚持适度原则。

在人际交往中必须把握分寸，坚持适度原则，与他人保持一定的距离。不要以为与人交往越亲密越好，这是一个错误的观念，如果不注意保持彼此间的距离，把握好恰当的分寸，就随时可能会在交往中受到伤害。

其次，要尊重别人的隐私。

不论多么亲密的人际关系，也应彼此保留一块心理空间。人们总以为亲密的人际关系，特别是夫妻之间、父母与子女之间，似乎不应当有什么隐私可言。其实，越是亲密的人际关系，越要尊重隐私。这种尊重表现为不随便打听、追问他人的内心秘密，也不随便向别人吐露自己的隐私。过度的自我暴露，虽不存在打听别人隐私的问题，却存在向对方靠得太近的问题，容易失去应有的人际距离。

再次，要有包容意识。

这要求我们尊重差异，容纳个性，容纳对方的缺点，谅解对方的一般性过错。"水至清则无鱼，人至察则无徒。"清澈见底的水里面不会有鱼，过分挑剔的人也不会有朋友。没有包容意识，迟早会将人际关系推向崩溃的边缘。

社交高手养成记

最后，适当地说"不"。

相处久了，朋友间难免会相互要求，但是真正的朋友是不会让你为难的。若自己不愿去做但勉强答应的话，结果反而会事与愿违，委婉、诚恳的拒绝方式是不伤害朋友的最佳选择。明确地说出自己的理由，尽量减少对方的心理负担，勇敢地对他说"不"，因为友谊不是盲目迁就！

超实用 TIPS

做到以下几点，建立"安全距离"，友情更长久。

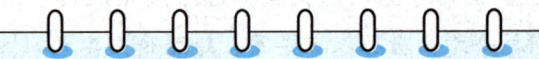

1. 尊重边界。

注意朋友的个人边界，不要过分干涉他们的生活。

2. 保持独立。

在友谊中，保持自己的独立性和个性。不要为了迎合朋友而失去自我，要有自己的兴趣和目标。

3. 及时沟通。

如果在友谊中出现问题或误解，及时与朋友进行沟通。坦诚地表达自己的想法和感受，寻求解决问题的方法，避免矛盾积累。

第五章　破解社交困惑，迈向成功

学会宽容，
友情更加坚固

一分钟故事

薇薇是一名初二的女生，在同学的眼里，她是一个斤斤计较、不够大方的女孩子。有时候同桌不注意，把胳膊伸到了她的桌子上，她就会觉得被多占了地方与同桌争辩。如果有同学向她借东西，她怕同学弄坏了一般都不愿意借。有一次，学校开展捐款活动，同学都积极捐款，只有薇薇没有捐。薇薇也并不是一点同情心也没有，只是她说钱来之不易，要好好珍惜。可是，慢慢地，同学越来越疏远她，认为薇薇太斤斤计较了。

不仅同学开始疏远她，就连最好的朋友华华也开始远离她。有一天，华华不小心踩了薇薇一脚，把薇

社交高手养成记

薇刚买的新鞋子踩了一个黑脚印。可是华华并没有像薇薇期待的那样给她道歉，还笑了笑说是不小心的，于是薇薇非常不高兴，说了句"你应该给我刷鞋"。华华听了也很生气，两人吵了一架，之后很长一段时间相互不说话，就这样她们的关系慢慢疏远了。

不知不觉间，薇薇失去了好朋友，也成为同学眼中的"小气鬼"，薇薇有时候心里也想不明白，其实她也不想要这样的结果。她该怎么办才好呢？

专家有话说

学会换位思考，心胸自然宽广

薇薇的行为，其实在生活中并不少见。我们每个人或多或少都有斤斤计较的时刻，但为什么有些人会特别在意这些"小事"呢？这与人的性格、家庭教育和思维方式息息相关。

性格上，有些人天生敏感、细腻，容易因为一些小事产生不安，仿佛别人多占了自己一点儿空间就是"侵犯"了自己的领地。有些人则喜欢凡事往坏处想，往往把别人的无心之举当成了故意伤害，导致反应过度。这种性格上的敏感，让他们更容易觉得自己受到了不公正对待。

家庭教育也是关键。小时候，如果父母过于强调"不要吃亏""东西要好好保护"，那么孩子长大后便可能对他人的行为格外警惕。长此以往，人与人之间的信任感减弱，凡事都怕吃亏，久而久之，心胸就越发狭窄。正所谓"吃亏是福"，有时候，过分保护自己反而失去了更多。

思维方式则是影响一个人行为的深层因素。计较的人往往有一种惯性思维，总认为别人有意伤害自己。其实，很多时候，这不过是我们心里的"假想敌"在作祟。换个角度想，别人可能只是无意间冒犯，并无恶意。正所谓"退一步海阔天空"，学会换位思考，心胸自然也会宽广许多。

总而言之，斤斤计较并非天生，而是可以通过调整心态和行为逐渐改善的。别让"小肚鸡肠"束缚了自己的生活，学会大度、宽容，才能拥有更轻松的社交关系和更美好的人生。

社交高手养成记

我是社交高手

虽然我们每个人都或多或少有斤斤计较的心理，但是过于计较无论是对自己还是对人际交往都是很不利的，所以，我们要针对自己的情况去调整自己的认识、思维方式，完善自己的个性，做一个心胸开阔的人。

第一，多角度看问题，消除自我中心。

人的心胸不够广阔最大的原因就是过度以自我为中心，每一个人都把自己看作主体，是中心，想让一切都围绕着这个自我转。当我们遇到让自己不快的小事时，不妨先退一步，换个角度想想：对方是否真的有意为之？很多时候，所谓的"冒犯"不过是无心之举，正所谓"心宽一寸，路宽一丈"。

第二，懂得宽容，心胸广阔。

一个人如果只想到自己，无视其他人的话，这个人的心就只缩成了一个小小的区域。在那个小小的区域里，一点点小问题都显得像天一样大。心胸狭窄的人通常都会为了小事烦恼、不开心、痛苦，这些都是因为他的视野太过狭窄。如果我们能够放宽胸怀，关心别人、体谅别人，明白很多人都跟我们一样，都是希望得到快乐和幸福的，我们的心胸就会开阔起来，人也会变得更加宽容大度。在这个时刻，你自己的问题，就算再大的问题，都显得不那么重要了。如果你只关心自己的快乐和幸福，你就只会变成一个不快乐、不幸福的人，会变得更加焦虑和恐惧。只有宽容的人、利他主义的人，心胸才会广阔。

第三，学会一些开阔心胸的具体方法。

心胸广阔不是一朝一夕就能做到的，也不是很容易做到的。在意识上、思想上觉察出了自己的偏差还不够，还要在实践中不断锻炼自己，才可能形成积极乐观、豁达开阔的个性，才会真正改善自己的生活和交往。

别再为一些鸡毛蒜皮的事情耿耿于怀，正所谓"海纳百川，有容乃大"，这才是社交的真谛。

超实用 TIPS

如果你觉得自己有些斤斤计较，试试以下方法来开阔自己的心胸吧！

社交高手养成记

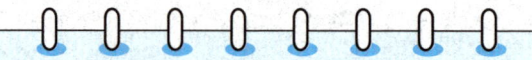

1. 多读书。

　　读书可以提高人文素养，增加见识，从而开阔心胸。读书不仅能丰富精神世界，还能培养谦逊之心，使人更加理性、通达。

2. 转变思维方式。

　　学会从不同的角度看待问题，多看到事情积极的一面，避免过度纠结。提升认知，明白很多事情其实没那么重要。

3. 保持理性。

　　能理性地看待周围发生的事情，从别人的角度观察问题，这样可以避免情绪化的反应，使心胸更加开阔。

4. 保持乐观。

　　用乐观的态度面对生活中的困难和挑战，这样可以让心胸变得更加宽广。

5. 多社交。

　　与不同的人交流，从他人的经历中汲取智慧和力量。多和比自己强的人交流，这样无形中你的视野能得到拓展，心胸也会变得开阔。

6. 树立远大目标。

　　树立远大目标可以让人不为眼前的得失所困扰，自然就不会为一些小事斤斤计较。伟大的领导者通常都是心胸开阔的人，因为他们有宏伟的目标。

7. 保持健康的生活方式。

　　定期运动可以释放压力，改善情绪状态，让内心更加开阔。例如，徒步、爬山、越野、探险等活动不仅能锻炼身体，还能放松心情。